Chico Junior

Roteiros do Sabor do Estado do Rio de Janeiro

TURISMO GASTRONÔMICO

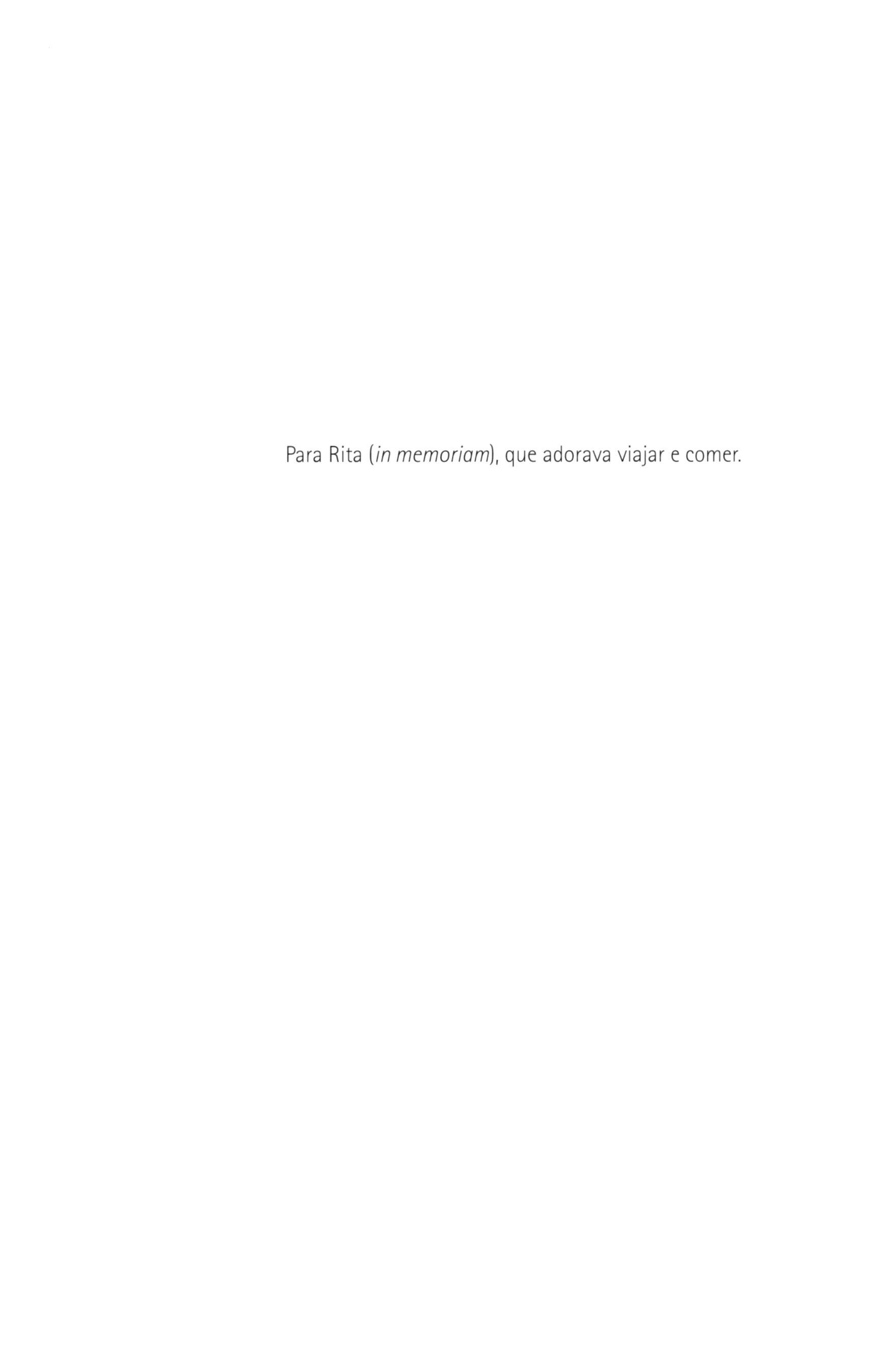

Para Rita (*in memoriam*), que adorava viajar e comer.

SENAC RIO
Presidente do Conselho Regional
Orlando Diniz

Diretor Regional
Carlos Miguel Aranguren

Editora Senac Rio
Avenida Franklin Roosevelt, 126/604
Centro – Rio de Janeiro – RJ – CEP: 20.021-120
Tel.: (21) 2240-2045 – Fax: (21) 2240-9656
www.rj.senac.br/editora
comercial.editora@rj.senac.br

Editora
Andrea Fraga d'Egmont

Editorial
Cynthia Azevedo (coordenadora)
Cristiane Pacanowski e Flávia Marinho

Produção
Andréa Ayer, Karine Fajardo e Márcia Maia

Comercial RJ, Marketing & Eventos
Adriana Rocha (coordenadora)
Alexandre Martins, Joana Freire e Marjory Lima

Comercial outros estados
Roberto Combochi (coordenador)
Abel Pinheiro, Allan Narciso, Flávia Cabral, Jorge Barbosa e Leandro Pereira

Administrativo
José Carlos Fernandes (coordenador)
Aline Costa, Michelle Narciso e Rodrigo Santos

Copidesque e revisão
Aeroplano Editora

Foto da capa
Alexander Landau

Projeto gráfico
IFD2 – Sergio Liuzzi

Diagramação
ô de casa

1ª edição: julho de 2007

CIP-BRASIL. CATALOGAÇÃO-NA-FONTE
SINDICATO NACIONAL DOS EDITORES DE LIVROS, RJ

C46r

Chico Junior
Roteiros do Sabor do Estado do Rio de Janeiro – Turismo Gastronômico / Chico Junior. – Rio de Janeiro : Editora Senac Rio, 2007.
208 p. il.; formato: 16 x 23cm

ISBN 978-85-7756-013-4

1. Gastronomia – Rio de Janeiro (Estado) . 2. Turismo cultural – Rio de Janeiro (Estado).
3. Culinária brasileira – Rio de Janeiro (Estado) . I. Título. II. Título: Turismo gastronômico.

07-1834. CDD: 641.013
CDU: 64.013

Agradecimentos

Muitas foram as pessoas e instituições que se envolveram com este projeto, seja como patrocinadores, seja participando com sugestões, críticas, dando uma força. Como a lista de pessoas é muito grande, vou ficar apenas na, digamos assim, "área institucional". Assim, os três primeiros agradecimentos vão para o Sebrae/RJ, o Governo do Estado do Rio de Janeiro e o Sesc Rio, que acreditaram no projeto e se transformaram em seus principais apoiadores. Muito importante, também, a participação da Editora Senac Rio, responsável pela edição do livro.

Registre-se, também, o apoio da Associação dos Prefeitos do Estado do Rio de Janeiro (Apremerj) e das prefeituras de Paracambi, Piraí e Quissamã.

Agradeço, ainda, e muito, aos jornalistas Aloysio Balbi, Cristiana Rosado, Emily Sasson, Julia Calil, Karla Rubia, Maria José de Queirós e Sônia Apolinário, que me ajudaram na apuração, na pesquisa e no desenvolvimento do texto.

Chico Junior

Apresentação

Antes de qualquer coisa, um esclarecimento: *Roteiros do Sabor do Estado do Rio de Janeiro* não é um guia de restaurantes ou de produtores. É simplesmente um livro que, com base em critérios do autor e de seus colaboradores, faz um passeio pela gastronomia do estado, ressaltando os aspectos regionais, curiosos, inusitados, diferentes. É por aí que se caminhou.

O Estado do Rio surpreende por sua beleza, hospitalidade, riqueza e variedade gastronômica, incluindo criações que viraram marca registrada, como a sopa Leão Veloso, o filé à Oswaldo Aranha, o camarão com chuchu e o picadinho de carne, também conhecido como picadinho carioca. Também podemos concluir que, embora não seja uma criação carioca, foi a partir do Rio que a caipirinha ganhou o Brasil e o mundo.

Atravessando a Baía de Guanabara, passando por Niterói e indo até o Norte Fluminense, é grande a variedade gastronômica, com peixes, ostras, mexilhões, lagostas, pitus, doces. Subindo a Serra, temos o encanto da Estrada Terê-Fri, que liga Teresópolis a Nova Friburgo; o charme de Itaipava, distrito da histórica e bucólica Petrópolis, considerado um dos principais centros gastronômicos do país, tamanha a sua diversidade culinária, com dezenas de restaurantes de alta qualidade e produtos variados. Isso, sem contar a beleza exuberante de Visconde de Mauá, que também já virou um pólo gastronômico, com bons restaurantes e aconchegantes pousadas.

Indo para a chamada Costa Verde, vamos encontrar a sutileza do camarão casadinho, em Paraty, terra também de boa cachaça, e os frutos do mar da Ilha Grande, sem dúvida um dos mais belos lugares do Brasil, ainda com praias paradisíacas e, em algumas épocas do ano, praticamente desertas.

O Vale do Ciclo do Café resgata os tempos das fazendas coloniais e da comida escrava, além de produzir boa cachaça. Os municípios do Vale se reuniram e, unindo História, tradição e gastronomia, começam a fazer do turismo fonte de renda e de emprego.

A cultura e a história de um povo, ou de uma região, se expressam de diversas formas. Uma delas, com certeza, é a gastronomia. Nas páginas deste livro, o leitor verá como é diversa e rica a gastronomia do nosso estado e de que forma é possível usar a culinária regional para a criação de roteiros turísticos. Em suma, o Estado do Rio, além de belo, é uma delícia.

Cabe ressaltar que, até a conclusão deste livro, alguns dados, como endereços e telefones, podem ter sofrido alterações.

Sumário

Sabores do Rio de Janeiro

1

Os belos sabores do Rio

O Rio de Janeiro é uma das principais cidades brasileiras procuradas para o lazer e o turismo e a principal porta de entrada do viajante estrangeiro. Revela-se, ainda, como um dos principais centros culturais e econômicos do Brasil. Na gastronomia também é referência nacional, com pratos que representam toda a força cosmopolita que bem caracteriza a cidade, além das influências africana e portuguesa. Tudo isso se reflete na culinária regional, que tem como base os frutos do mar, passando pela feijoada, a caipirinha e o filé.

Engana-se, pois, quem pensa que o Rio de Janeiro não tem uma gastronomia característica. Por ter sido durante muito tempo a capital do país, é berço de muitos pratos. A cidade, além de surpreender por sua beleza e hospitalidade, tem riqueza e variedade gastronômica, incluindo criações que viraram marca registrada, como a sopa Leão Veloso, o filé Oswaldo Aranha, o camarão com chuchu e o picadinho de carne, também conhecido como picadinho carioca, verdadeiros clássicos da culinária brasileira.

As criações de outrora, que o tempo de hoje revigora

No Centro da cidade e na Lapa, existem pendões da gastronomia carioca. Não se trata de tempero empoeirado, sabor do passado. Nem foram resgatados de um velho livro de receitas. Estamos falando de senhores pratos, sobreviventes e insubstituíveis.

São pratos-autoridades, que levam o nome de tais, como o filé Oswaldo Aranha e a sopa Leão Veloso. Impõem respeito. Nem é uma pomposa fusion cuisine que vai espantar o tenro cabrito com arroz de brócolis do Nova Capela, ou o tradicional e saboroso camarão com chuchu do Penafiel.

Esses lugares pegaram o Rio no colo e o viram crescer. São do tempo em que o escritor João do Rio flanava pela alma encantadora das ruas, há mais de um século. Talvez as ruas tenham perdido um pouco desse encanto, mas os restaurantes, esses não o perdem jamais.

Em 1884, foi fundado o Rio Minho. Especialista em peixadas, é lá que se toma a preciosa sopa Leão Veloso. Alguns contam que a sopa foi inventada no restaurante Cabaça Grande (que já fechou), na Rua do Ouvidor, como o Rio Minho. Mas tudo indica que a verdadeira, a primeira, aquela que o jornalista e então embaixador do Brasil na França se meteu a fazer na cozinha do restaurante, foi preparada mesmo no Rio Minho. Deve ter sido numa dessas vindas ao Rio que subitamente lhe bateu a vontade de tomar a bouillabaisse francesa. "*Mon cher*, você sabe fazer uma sopa de frutos do mar?", teria perguntado o embaixador ao chef de cozinha. "Sei não, senhor", teria sido a resposta. E eis que nasceu nos trópicos uma maravilhosa adaptação da sopa francesa.

Hoje o restaurante é comandado pelo espanhol Ramon Dominguez. O preparo começa de manhã bem cedo, quando chegam os peixes frescos. Quem dá o sabor do caldo são as cabeças de todos os peixes misturadas aos temperos. Assim que ganha consistência, as cabeças saem e entram o cherne, o polvo, a lula, os mexilhões e os camarões. Umas torradinhas do lado e *voilà*, uma delícia. Detalhe: o Rio Minho é o restaurante mais antigo do Rio.

Em 1913, inaugurou-se o Penafiel. Desde então, o cardápio, o chef de cozinha (há mais de quarenta anos na casa), a decoração (no teto estão as primeiras lâmpadas fluorescentes do Brasil) e a clientela sofreram mudanças mínimas, o que é motivo de orgulho para Ricardo Torres da Silva, herdeiro do restaurante. Era de seu avô, passou para seu pai e agora cabe a ele o legado. Uma de suas missões é honrar o camarão guisado com chuchu. É um prato leve, simples (se você sabe exatamente o ponto certo do camarão e do chuchu) e reconhecido Brasil afora. Normalmente é servido às quintas-feiras, como prato do dia. No Penafiel, os pratos do dia ficam em panelões no fundo do salão. O freguês abre as tampas com toda a intimidade, faz sua escolha e senta-se para ser servido.

Camarão com chuchu, Penafiel

Ainda no Centro há um restaurante bem tradicional de comida brasileira, que começou como botequim, foi crescendo e hoje é ponto de encontro, na hora do almoço, de muitos executivos. No Escondidinho, localizado no Beco dos Barbeiros, perto da Praça XV, comem-se pratos tradicionais da culinária regional brasileira. Um deles chama a atenção por ser tão inusitado: a famosa cabeça de cherne.

Fundado em 1958 por dona Lurdes Felgueiras, cozinheira de mão-cheia, já falecida, o Escondidinho serve a tal cabeça de cherne há trinta anos. Como para fazer o prato é necessário um cherne de

12 quilos, há que se reservar o prato com um dia de antecedência. O prato satisfaz, tranqüilamente, três ou quatro pessoas.

Para fazer a cabeça de cherne, começa-se com um refogado com azeite, alho, cebola, pimenta, coentro, aipo, salsa e gengibre. Acrescenta-se a cabeça do peixe. Depois, água, sem cobrir. Cozinha-se por 15 ou 20 minutos. Por último, leite de coco. Acompanham camarões cozidos, misturados ao molho, pirão e arroz. E como comer uma cabeça de peixe enorme? Fique tranqüilo. Caso você queira, o garçom se incumbe de separar a carne da cabeça.

Além dessa especialidade, o Escondidinho tem outro prato famoso: a costela cozida com feijão-manteiga, que é uma verdadeira perdição. É o prato mais consumido. Há ainda, nesse restaurante, rabada com agrião, frango ao molho pardo, frango com quiabo, bacalhau e muito mais.

E se o prezado cliente quiser uma sobremesa diferente, única no Rio de Janeiro, é só pedir o doce de marmelo, outra tradição do Escondidinho. É uma espécie de compota servida com queijo-de-minas. Dá para duas pessoas.

Nosso passeio pelo Centro não poderia deixar de incluir o tradicional Bar Luiz, famoso pelo seu chope, resultado de uma famosa "máquina" com 720 metros de serpentinas, orgulho do lugar. Como serve alguns pratos característicos da culinária alemã, aventure-se pelo kassler (costeleta de porco defumada)

Compota de marmelo do Escondidinho

Cabeça de cherne, Escondidinho

ou pelo einsbein (joelho de porco), por salsichas, salsichões, tudo acompanhado pela sua não menos famosa salada de batata ou pelo chucrute. O rosbife e a carne assada também são marcas registradas da casa. Localizado na Rua da Carioca, próximo à Praça Tiradentes, o Bar Luiz foi fundado em 1887.

Saindo do Centro e dos peixes, é hora de se aventurar pelo intitulado reduto da boemia, a mitológica Lapa. E do outro lado dos Arcos há um tesouro: o Nova Capela é bem fácil de achar, mas seu tenro cabrito com arroz de brócolis é de uma riqueza inefável. Outra opção interessante, cada dia mais atrativa, é o javali, caprichado no tempero. E tudo cai bem a qualquer hora, já que esse centenário restaurante fica aberto até as 5h da manhã.

O Capela original foi fundado em 1903, onde existia o Largo da Lapa. Demolido por causa de uma das reformas do bairro, instalou-se, em 1967, na Rua Mem de Sá.

Outro lugar tradicional da Lapa é o igualmente centenário Bar Brasil, fundado em 1907 com o nome de Zeppelin, na esquina da Rua do Lavradio com a Mem de Sá. Veio a Segunda Guerra e achou-se por bem mudar o nome para Bar Brasil. Como o nome original indica, o chamariz são pratos da cozinha alemã, como o kassler e o einsbein, sempre acompanhados por lentilhas. Ou parta para um prato tradicional da casa, com um toque de brasilidade: kassler à mineira, tutu de feijão, arroz, couve, chucrute, salada de batata ou arroz de lentilhas. Outra sugestão: bolinhos de carne

com arroz de lentilha. Como sobremesa, apfelstrudel. E o chope está entre os melhores da cidade.

Às vezes, nada supera um bom filé. Oswaldo Aranha que o diga. Esse senador da República, um dos articuladores da Revolução de 1930, é outro personagem da História que deu por inventar receitas. Nesse caso, foi no restaurante Cosmopolita, que existe desde 1926, na Lapa. Oswaldo Aranha saía ali do Senado Federal, antigo Palácio Monroe, ao lado da Cinelândia, e ia a pé para o restaurante. O Senado foi para Brasília, o palácio foi abaixo, mas o filé ficou.

No Cosmopolita, ele pedia: "Excelentíssimo chef, me vê um filé alto, mal passado, com bastante alho frito picadinho por cima." A resposta deve ter sido outra pergunta: "E pra acompanhar, senador?" E ele completava o pedido: "Arroz, farofa e batatas portuguesas, por favor."

O Cosmopolita é o detentor da origem, mas dois restaurantes da cidade também ganharam o título de mestres no preparo do legendário filé. São eles: o centenário Café Lamas, no Flamengo, e o Filé de Ouro, que há quarenta anos funciona no Jardim Botânico. Ambos têm pratos fartos e são muito freqüentados por jornalistas, artistas, intelectuais e toda a gente.

Filé a Oswaldo Aranha, Filé de Ouro

Teresa Corção, também conhecida como a embaixadora da mandioca, graças ao seu Projeto Mandioca, é dona, junto com a irmã Margarida, d'O Navegador, um centro de referência da boa comida regional brasileira contemporânea no agitado Centro do Rio. Entre as várias delícias criativas estão o couvert com grissini de mandioca e patê de foie da casca e os pratos da semana, que incluem pernas de vitela e cordeiro e ostras de Santa Catarina; pirarucu da Amazônia, o frango ao requeijão mineiro e a marioca da Iracema (rolinhos de queijo mozarela e presunto, recheados de creme de aipim, cobertos de molho de tomates e queijo parmesão, gratinados). Quem faz esta última escolha, ganha o prato Boa Lembrança.

O Navegador é o lugar ideal para quem procura um ambiente tranqüilo com comida de boa qualidade. Fica no sexto andar do prédio do Clube Naval, construído em 1908 e tombado pelo Patrimônio Histórico. Um dos destaques é o Bar de Saladas Orgânicas, criado a partir de pedidos de clientes. Os fornecedores, todos certificados, oferecem o que têm disponível e o "cardápio é bolado".

Embora a especialidade do Filé de Ouro – e praticamente o único prato – seja o filé (com opção também para o contrafilé), um outro prato vai virando marca registrada: o risoto de camarão.

Outro clássico da série bovina é o picadinho de carne. Ele é figurinha fácil e sofre sutis variações em cada lugar. Aqui, a recomendação é escolher entre o ambiente requintado do Mistura Fina, na Lagoa, ou o clima informal do Botequim, em Botafogo.

Ao som do piano-bar, no Mistura Fina, o filé-mignon é cortado em pedaços bem pequenos e vem acompanhado de arroz, com ovo poché por cima, creme de milho, farofa e banana frita. E não é mero acaso que há 12 anos é o mais pedido. Na receita do picadinho entram bacon, alho, cebola, alho-poró, conhaque, molho madeira e molho de tomate.

O simpático Botequim não deixa a desejar e apresenta duas versões: picadinho Luís Antônio, que vem com farofa de banana, batata frita, arroz com lingüiça toscana e ovos mexidos; e picadinho Botequim, acompanhado de farofa de carne-seca, arroz, aipim frito e caldinho de feijão. Os dois são igualmente queridos pelos comensais e vêm servidos como manda a tradição: no prato de barro.

Feijoada todo dia

Rio e São Paulo disputam o título de quem faz a melhor feijoada, já que em ambas as capitais são muitos os lugares em que se pode comer esse maravilhoso e pesado prato. No Rio, o dia da feijoada é sábado. O prato já virou atração turística. Churrascarias,

Picadinho de carne, Mistura Fina

hotéis de luxo, restaurantes famosos, são vários os locais em que se come a tradicional feijoada. Mas há um lugar em que não é preciso esperar o sábado para saboreá-la, a Casa da Feijoada, em Ipanema. Considerada um dos pontos turísticos mais importantes da cidade pela Riotur, há 13 anos serve comida brasileira e é um dos restaurantes mais tradicionais da Zona Sul. Lá, feijoada é sempre o prato do dia.

Além do pôr-do-sol no Posto Nove, o típico carioca Zona Sul tem outros motivos para bater palmas. A começar pela fartura diária da feijoada servida na Casa da Feijoada. Para abrir os trabalhos, o garçom começa servindo um caldinho de feijão impecável. Logo depois, vem uma lingüicinha defumada frita. Pronto. Começa o ritual de todo e qualquer brasileiro, não importa raça, credo, religião ou classe social. O ritual de comer uma tradicional feijoada completa. O leitor certamente sabe do que se trata.

O freguês escolhe as carnes de sua preferência. Orelha de porco, rabinho e chispe sempre provocam certa controvérsia e podem ficar de fora. Mas carne-seca, lombo salgado, costela salgada, carne de boi, língua defumada, paio e lingüiça fresca devem ser aceitos de bom grado. As carnes chegam borbulhando

Feijoada, Casa da Feijoada

na panela de barro. Se você é daqueles que gostam de tudo, melhor ainda.

Os acompanhamentos são a gangue de sempre: arroz branco, aipim frito, laranja, couve à mineira, farofa e torresminho. Tudo muito bem preparado. De tempos em tempos, o garçom passa com um caldo de feijão quente, para regar o seu prato. Chega um momento em que você vai desabotoar sutilmente as calças e continuar comendo até a respiração ficar curtinha. Faz parte do ritual.

O responsável por trás de tudo isso é um simpático cearense chamado Antônio Marcos Barbosa. Ele é, há 14 anos, o chef de cozinha da casa. Explica que a tarefa mais trabalhosa é "dessalgar" as carnes. Precisa trocar a água de três em três horas, um trabalho que no sábado e domingo começa com 24 horas de antecedência. Todo fim de semana são preparados aproximadamente trinta quilos de cada uma das carnes mais pedidas. É muita carne.

Um dos segredos do tempero da feijoada é outra carne. Chama-se pá, que é muito gordurosa. Ela entra no caldo, faz sua mágica e sai. Antônio revela que dá um sabor distinto ao prato. É mesmo especial, símbolo de nossa identidade.

Informação adicional: a Academia da Cachaça, no Leblon, também oferece, especialmente, feijoada no almoço.

Do signo da caipirinha

Ela é libertária, comunicativa. Representa o idealismo e a democracia. É original, mas, se for para o lado negativo, pode ser imprevisível. Tudo indica que astrologicamente a caipirinha é do signo de Aquário. Na verdade, a bebida nacional rege todos os cavaleiros (e damas) do Zodíaco.

Brincadeiras à parte, essa maravilhosa mistura de açúcar, limão, gelo e cachaça está por toda parte. E, por isso mesmo,

Caipirinha, Academia da Cachaça

é preciso saber muito bem onde tomar a boa. Hoje, já existem muitas variações da bebida, com vodca, com frutas exóticas, com adoçante (Aquário sempre foi pra "frentex"!). Enquanto for uma saborosa e bem servida caipirinha, não tem problema.

Para isso, a dica é a Academia da Cachaça. Precursora na arte de apreciar uma boa pinga, já tem 21 anos de existência e uma carta de aguardentes de dar inveja. Lá você toma uma dose, em cálice de cristal, das mineiras Lua Cheia, Seleta ou Germana. Elas ficaram no topo do *ranking* das mais pedidas na Academia, no segundo semestre de 2006. Mas não se esqueçam das excelentes fluminenses Magnífica (Miguel Pereira), Rochinha (Barra Mansa) e Santa Rosa (Valença). São mais de setenta tipos e milhares de garrafas enfeitando as paredes da casa (estão até à venda), sem falar das infusões, as batidas, as criações do bar e, claro, as imperdíveis caipirinhas.

Para acompanhar, que tal o escondidinho? Desde 1986, essa combinação de carne-de-charque desfiada, purê de aipim e requeijão não perde o posto de campeão de vendas. Mas, justiça seja feita, todos os pratos são ótimos.

São duas Academias da Cachaça na cidade. A da Barra continua firme e forte, no Condado dos Cascais. A do Leblon faz tanto sucesso que este ano passou por uma reforma e foi duplicada. O teto de fitas coloridas formando a bandeira nacional, que é a marca registrada da casa, ficou ainda maior. Quem sabe você não vai lá beber?

Não se sabe muito bem onde ela foi criada e nem o porquê do nome caipirinha, mas uma coisa é praticamente certa: foi a partir do Rio de Janeiro que ela se consolidou como bebida nacional e conquistou o paladar dos estrangeiros que vinham nos visitar.

Santa Teresa: bondinho do sabor

Numa das poucas retas do bairro, o boêmio esfomeado encontra belos achados da gastronomia carioca. Carioca? Estão lá o Bar do Arnaudo, de comida nordestina, o Bar do Pimenta, de comida alemã, e o Espírito Santa, cuja chef é amazonense. De sobremesa, os doces portugueses de Alda Maria. Tudo isso num trecho da famosa Rua Almirante Alexandrino. Sem esquecer, porém, o Bar do Mineiro, que não fica na Almirante Alexandrino, mas é como se ficasse, pois a Paschoal Carlos Magno, que um dia já se chamou Mauá, é um prolongamento da principal rua do bairro. Tudo na paz de Santa Teresa.

Podemos dizer que tudo começou há 36 anos, quando o pernambucano Arnaudo comprou do seu Américo um botequim pé-sujo. Não demorou muito e o Bar do Arnaudo virou um restaurante especializado em comida nordestina. De lá para cá outros foram surgindo. Por exemplo, o Bar do Mineiro, que Diógenes abriu há 11 anos e hoje divide as honras da casa com a sócia Ângela. Mais ou menos da mesma época é a Adega do Pimenta, na realidade, William.

Arnaudo sabe o que faz e oferece um cardápio de variedades de carne-de-sol. Com macaxeira, feijão-de-corda e farofa de abóbora. Tem até com batata-doce. Ainda oferece o saudoso sarapatel e o pirão de leite com carne-de-sol. O restaurante abriu no dia 1º de setembro de 1970 e desde então virou um clássico.

Arnaudo, o pioneiro em Santa Teresa

Pertinho dali, coisa de trinta metros, está a Adega do Pimenta, que entra na categoria dos restaurantes tradicionais de

Bar do Mineiro

Santa Teresa. A comida é alemã e o prato Matador (esse é seu nome) reúne salsichas branca e bock, kassler, bacon, patês quentes de fígado e morcela, chucrute e batatas cozidas. Quer pegar mais leve? Tem pato e coelho assados com repolho roxo. E não poderia faltar o joelho defumado. Grande parte dos produtos vem da Fazenda do Alemão, em Mendes, ícone da culinária alemã no interior fluminense.

Um pouco mais para a frente, na direção do Paula Mattos, está o pastel mais famoso do bairro. Não diremos que é o melhor do Rio, mas o pastelzinho de feijão do Mineiro tornou-se certamente um clássico. O pastel tem formato quadrado e o recheio é de uma deliciosa feijoada. Esse bar traduz todo o despojamento de Santa, o pessoal gosta de ficar na porta, tomando seu chope ou uma pinga (no cardápio tem mais de vinte) e falando genialidades que ninguém ousa cometer fora de um bar.

O pólo gastronômico é tão variado que cabe até comida brasileira artesanal. É assim que Ana Castilho, proprietária do restaurante Aprazível, na rua de mesmo nome, descreve seu variado cardápio. Mas não se engane: ela é mineira! Daquelas viajadas, que já trabalhou em restaurantes de Nova York, fez escola francesa e não dispensa produtos maranhenses – como a pescada amarela, a pimenta-de-cheiro e o caranguejo. Mas ai de quem não provar o pão de queijo da receita da avó de Ana, que faz parte do couvert.

Se for para recomendar apenas um prato – tarefa difícil –, vá de galinhada caipira. É um arroz de frango caipira e lingüiça mineira, acompanhado de banana-da-terra assada, chicória e feijão surpresa. Ela

Comida alemã na Adega do Pimenta

Galinhada caipira, Aprazível

explica: "É um feijão mineiro com miolo de pão. Ele é preparado em camadas, primeiro coloca-se o feijão, depois tomate, paio, crosta de pão, azeite e tomilho."

A bela cozinha fica à vista dos visitantes, mas não perca a vista privilegiada para a Baía de Guanabara. Dê uma volta pelo restaurante e em algum momento você vai chegar num canto sagrado: o Botequim do Souza. Lá está a iguaria mais cara e mitológica do lugar: a cachaça Santa Cana. É praticamente peça de colecionador – só existem 270 garrafas a R$ 440,00 cada uma.

A história é interessante. Essa cachaça foi produzida pelo senhor Souza, pai de Ana, em sua adega na cidade mineira de Santa Luzia. Pois a adega desmoronou e os barris ficaram enterrados por trinta anos! Sim, é uma cachaça envelhecida por pelo menos três décadas. Os dois barris que puderam ser recuperados estão na

Natacha, Espírito Santa

porta do Botequim. Caso não seja possível comprar a garrafa, peça para o moço tirar a rolha, só para você inspirar aquele bálsamo.

Santa Teresa adora uma novidade. E há de ter requinte, mas sem perder a informalidade. Assim é o restaurante Espírito Santa, com seus molhos de frutas amazonenses e seu prato de namorado na folha. O peixe (que também pode ser o filhote) é recheado com camarão e caranguejo de água doce. Vai ao forno coberto com a folha de couve para não ressecar. É servido na telha, ao molho de leite de coco com leite de castanha.

Outro carro-chefe é o tambaqui de Solimões, em homenagem ao rio. O peixe vai rapidamente para a grelha só para marcar e, depois, ao forno, no vapor. É recheado com camarão e guarnecido com palmito de pupunha. O molho é de taperebá, feito de uma redução da fruta com a cachaça Magnífica.

A chef amazonense Natacha Fink (o nome é herança do avô polonês) é uma apaixonada pela culinária brasileira. Nas suas receitas, usa manteiga de garrafa e substitui vinho por cachaça. Por falar nisso, a caipirinha de graviola com jambu é imperdível. "Os índios comem jambu antes de todas as refeições. Essa fruta abre as papilas gustativas", explica Natacha. "E por conta dessa característica o jambu também está presente em nosso couvert."

No bucólico bairro de Santa Teresa todo mundo tem vez. Para você, vegetariano, que tem uma dificuldade tremenda de encontrar seu lugar nesta cidade que não dispensa uma boa carne, eis a solução: o Goya Beira, no Largo das Neves. A especialidade é a pizza de berinjela montada na pedra-sabão. A massa é caseira e a espessura quem escolhe é o freguês, já que é tudo feito na hora. A berinjela é à moda italiana, conservada em azeite e temperada com alho e ervas.

Os doces da Alda

Seguindo por esses trilhos de *la dolce vita*, chegamos ao ponto final: a sobremesa. Trouxas d'ovos, nozes e amêndoas, toucinho do céu, caramelados de frutas, pastéis de nata, bem-casados com ovos moles e chocolate. Os doces de Alda Maria são do tipo que viciam, você vai pensar neles enquanto canta a ave-maria na missa de domingo. Essa doceira de Pelotas produz muito sob encomenda e também recebe os clientes em casa. Ela montou mesas e um pequeno museu do doce, com os utensílios que sua avó portuguesa usava. As receitas foram passando de geração em geração – Alda já é da oitava.

Amanteigados, trufas, ninhos e merengues recheados. Não há como escapar desses suicídios discretos que nos dão alegria de viver. Tão cruel é a natureza do doce.

Barra e Pedra de Guaratiba

Que tal um passeio à Pedra e à Barra de Guaratiba, na Zona Oeste do Rio? É um programa que muitos cariocas fazem nos fins de semana, depois de pegar uma praia no Recreio dos Bandeirantes, em Grumari ou na Prainha.

Entradas saborosas do Tia Palmira

Os pratos e a bela vista do Bira

A cerca de cinqüenta quilômetros do Centro do Rio, Barra e Pedra de Guaratiba ficam uma ao lado da outra, com vários e bons restaurantes especializados em frutos do mar: o Tia Palmira, o do Bira (filho da Tia Palmira, que partiu para "vôo solo"), o Cândido's e o estrelado 476, para citar alguns. A viagem é longa, mas os prazeres da mesa compensam.

No Tia Palmira o cliente é apresentado a um verdadeiro banquete de frutos do mar. O preço é único e os pratos vão sendo colocados à mesa, para deleite dos fregueses. Caldinho de peixe e de sururu, camarões fritos, pastéis e bolinhos de peixe e de camarão, mexilhões, arroz de frutos do mar, bobó de camarão, vatapá, moquecas, peixe em posta, filé de peixe! É comer até se fartar. De sobremesa, vários tipos de doces caseiros.

O Bira, um dos filhos da Tia Palmira, informa que tem um cuidado todo especial ao escolher seus pescados. "Os camarões, por exemplo, vêm da Ilha Grande", diz. E a maior parte dos peixes é trazida por pescadores da região e entregue ao restaurante, bem fresca. Uma boa pedida é o arroz com frutos do mar, imperdível. E o que é melhor: um prato serve até três pessoas. Para começar, peça pastéis de camarão ou de siri.

O Restaurante do Bira está instalado num lugar muito charmoso, cercado de verde, estilo rústico e com uma bela vista para a Restinga da Marambaia.

A famosa moqueca do 476

O 476 foi uma casa de pescadores e hoje é um restaurante muito procurado por quem aprecia frutos do mar. É aconchegante, bucólico, romântico e tem vista para a Restinga da Marambaia, que também pode ser contemplada do píer, logo em frente.

Entre as pedidas para a entrada está a casquinha de siri, servida em pratinho fundo, em vez do casquinho, e os picles no agridoce. Para o prato principal, o cardápio variado das moquecas 476: de peixe, camarão, polvo, lula, mista (peixe com camarão) ou frutos do mar (que inclui todos os mencionados). As porções são individuais e vêm acompanhadas de arroz, acaçá, farofa amarela e frutas da época. O segredo das receitas, segundo Murienne, chef e proprietária, é o carinho com que são feitas, tradição que passou de mãe para filha, desde a bisavó. A alagoana se orgulha de as criações gastronômicas serem apreciadas antes por familiares e amigos, para depois integrar o cardápio da casa. Pratos como a posta de peixe com molho de camarão e a moqueca capixaba, que ela foi aprender no Espírito Santo para manter a autenticidade, também são muito pedidos e servidos para dois.

Entre as sobremesas, todas feitas na casa, as que mais se destacam são as crocantes: de abacaxi, feita com açúcar cristal no maçarico, de banana e de maçã, as três servidas com sorvete de creme. Uma delícia!

Abre somente para almoço, de quarta a domingo, das 11h às 18h.

Pólo gastronômico de Vargem Grande

Outro pólo gastronômico da Zona Oeste é o de Vargem Grande, perto do Recreio dos Bandeirantes e de Jacarepaguá. Até bem pouco tempo era uma espécie de zona rural do Rio, mas então surgiu um restaurante, mais outro, até que se tornou um pólo gastronômico. Juntando os de Vargem Pequena, hoje são pelo menos 15 restaurantes na região. Alguns ficam em locais muito agradáveis, cercados de verde e jardins. Os primeiros a fazer sucesso foram o Quinta e o Barreado.

Situado num sítio com muito charme, o Quinta é um restaurante bastante agradável e faz uma cozinha brasileira contemporânea. Entre os seus pratos principais estão o marreco assado, o peixe moqueado e a moqueca de frutos do mar. Nos fins de semana serve um menu-degustação, à base de frutos do mar;

Barreado, ambiente bucólico

de entrada, lagostins grelhados e crepe de lula. Mas há, ainda, uma atração exótica: bobó de camarão feito com fruta-pão e espinafre ao vapor. Como sobremesa, algumas novidades: sorvete de queijo-de-minas com calda e pedaços de goiaba, por exemplo.

No Barreado, o prato mais procurado é o seu famoso camarão na moranga, preparado com base em uma receita nordestina. José Maurício Vieira, o proprietário, diz que a moranga (espécie de abóbora) é baiana, especial para receber bastante recheio, com sabor suave e consistência macia. Recheada com bastante camarão e catupiri, a moranga é assada, com o recheio, no forno a lenha. O prato é farto e dá para três pessoas.

Outro que se destaca na região é o Gugut, especializado em cozinha brasileira. A pedida pode ser a caldeirada de frutos do mar, feita em panela de barro, com cherne, camarão, lula e vôngole. Mas há, ainda, as opções do leitão à pururuca, da costela no bafo e da costela de javali. Como entrada, o caldinho de feijão vai bem. E a sobremesa pode ser banana frita com calda de laranja e sorvete de creme. Além disso, você pode levar para casa um dos vinte tipos de doces caseiros com a marca Gugut.

Mercados: moça bonita não paga

Moça bonita adora ir ao mercado. É sempre bem atendida, recebe sorrisos e ganha descontos. Entre os mercados, merecem destaque: a Cobal do Leblon, a Cobal do Humaitá, o Mercado do Produtor (na Barra), o Cadeg (em Benfica) e o Mercado São Pedro (em Niterói). Neles, todo mundo se sente moça bonita. Calma, homens! É no sentido de ganhar atenção especial e ter prazer nas compras.

A Cobal do Humaitá é muito espaçosa e bem organizada. Lá você encontra produtos fresquíssimos e da melhor qualidade nos boxes do Hortifruti. Eles convivem harmoniosamente com os restaurantes variados, supermercados, delicatéssens e lojas de flores. Não há nada que você não encontre. E tem até roda de choro.

A Cobal do Leblon não é muito diferente, só é menor. Tem massas caseiras, frios e queijos finos. Vale ressaltar o box especializado em carnes para feijoada e o restaurante Arataca, especializado em comida nordestina, com uma levada paraense. O cardápio inclui caranguejo, minibijus recheados de carne-seca e tacacá, feito de tucupi, goma, jambu e camarão seco.

As duas "Cobais" têm um clima muito especial. De dia, a profusão de cores e cheiros inspira a empurrar o carrinho lentamente. Não são compras, são passeios. De noite, as mesas ficam ao ar livre, todas bem próximas, com quase nenhuma divisão de bares, bem como o carioca gosta. O clima é de bom papo com boemia.

Para comprar e comer peixes, os campeões são o Mercado do Produtor, na Barra da Tijuca, e o Mercado São Pedro, em Niterói (ver em Niterói). O Mercado do Produtor exibe orgulhosamente

Cantinho das Concertinas

seus produtos. São pouco mais de vinte boxes nos quais você apalpa, levanta as guelras e confere os olhos brilhantes dos peixes. Um dos boxes pertence ao restaurante de comida espanhola La Plancha, localizado no fundo do mercado. Você pode escolher seu peixe no box ou experimentar a célebre parrillada: lagostas, cherne, camarões, lulas, polvo, mexilhões, pescadinha, camarões, pitu e salmão na grelha, com arroz de açafrão de acompanhamento.

Já o tradicional Cadeg é tão grande que é dividido por ruas. O terreno, com cerca de cem mil metros quadrados, foi comprado pelos próprios comerciantes de uma antiga fábrica de cigarros, e em 1962 passou a abrigar o Centro de Abastecimento do Estado da Guanabara, antigo nome do Rio de Janeiro.

De lá para cá, tornou-se o maior distribuidor de flores e plantas do Rio de Janeiro e comercializa uma infinidade de produtos nacionais e importados. São 714 lojas. Numa delas, está o Cantinho das Concertinas, do português Carlinhos.

A loja é toda enfeitada com referências à sua terra natal. Ele, com ajuda de sua esposa brasileira, prepara um bolinho de bacalhau daqueles. Depois do meio-dia, juntam-se as mesas e colocam-se a sardinha, o bacalhau e as febras (filé de porco banhado 24 horas no vinho e no alho) na brasa. É a festa portuguesa.

Endereços e telefones

Academia da Cachaça

R. Conde de Bernadotte 26 loja G – Leblon. Tels.: (21) 2529-2680 e 2239-1542 / Av. Armando Lombardi 800 / loja 65 L, Condomínio Condado dos Cascais – Barra da Tijuca. Tels.: (21) 2492-1159 e 2493-7956

www.academiadacachaca.com.br

Arataca

R. Gilberto Cardoso s/n – Cobal do Leblon. Tel.: (21) 2512-6249

Bar Brasil

Av. Mem de Sá 90 – Lapa. Tel.: (21) 2509-5943

Bar Luiz

R. da Carioca 39 – Centro. Tel.: (21) 2262-6900

Botequim

R. Visconde de Caravelas 184 – Humaitá. Tel.: (21) 2286-3391

Casa da Feijoada

R. Prudente de Moraes 10-B – Ipanema. Tel.: (21) 2247-2776
www.cozinhatipica.com.br

Cosmopolita

Travessa do Mosqueira 4 – Lapa. Tel.: (21) 2224-7820

Escondidinho

Beco dos Barbeiros 12 / lojas A e B – Centro. Tel.: (21) 2242-2234

Filé de Ouro

R. Jardim Botânico 731 – Jardim Botânico. Tel.: (21) 2259-2396

Lamas

R. Marquês de Abrantes 18 – Flamengo. Tel.: (21) 2556-0799

La Plancha

Av. Ayrton Senna 1.791 – Mercado do Produtor, Barra da Tijuca.
Tel.: (21) 3325-3383
www.laplancha.com.br

Mistura Fina

Av. Borges de Medeiros 3.207 – Lagoa. Tel.: (21) 2537-2844

Nova Capela

Av. Mem de Sá 96 – Lapa. Tel.: (21) 2252-6228

O Navegador

Av. Rio Branco 180 / 6º andar – Centro. Tel.: (21) 2262-6037
www.onavegador.com.br

Penafiel

R. Senhor dos Passos 121 – Centro. Só abre para almoço. Tel.: (21) 2224-6870

Rio Minho

R. do Ouvidor 10 – Centro. Só abre para almoço. Tel.: (21) 2509-2338

Santa Teresa

Adega do Pimenta

R. Almirante Alexandrino 296. Tels.: (21) 2224-7554 e 2242-4530

Alda Doces Portugueses

R. Almirante Alexandrino 1.116. Tel.: (21) 2232-1320
www.aldadocesportugueses.com.br

Aprazível

R. Aprazível 62. Tels.: (21) 2508-9174 e 2507-7334
www.aprazivel.com.br

Bar do Arnaudo

R. Almirante Alexandrino 316-B. Tels.: (21) 2252-7246 e 2230-0817

Bar do Mineiro

R. Paschoal Carlos Magno 99. Tel.: (21) 2221-9227

Espírito Santa

R. Almirante Alexandrino 264. Tel.: (21) 2508-7095
www.espiritosanta.com.br

Goya Beira

Lgo. das Neves 13. Tel.: (21) 2232-5751

Barra e Pedra de Guaratiba

Cândido's

R. Barros de Alarcão 352 – Pedra de Guaratiba. Tel.: (21) 2417-2674

476

R. Barros de Alarcão 476 – Pedra de Guaratiba. Tel.: (21) 2417-1716
www.restaurante476.com.br

Restaurante do Bira
Est. da Vendinha 68-A – Barra de Guaratiba. Tel.: (21) 2410-8304

Tia Palmira
Caminho do Souza 50 – Barra de Guaratiba. Tel.: (21) 2410-8169
www.tiapalmira.com.br

Vargem Grande

Barreado
Est. dos Bandeirantes 21.295. Tel.: (21) 2442-2023

Gugut
Est. do Rio Morto 541. Tel.: (21) 2428-1343
www.gugut.com.br

Quinta
R. Luciano Gallet 150. Tels.: (21) 2428-1396 e 2428-2568
www.quinta.net

Mercados

Cadeg
R. Capitão Félix 100 – Benfica. As lojas do mercado fecham às 13h, mas o almoço português, aos sábados, vai até mais tarde.
Tels.: (21) 3890-0202 e 3526-5717
www.cadeg.com.br

Cobal do Humaitá
R. Voluntários da Pátria 448 – Botafogo. Mercado de 6h às 20h e aos domingos até 15h. Restaurantes e bares ficam abertos direto.
Tel.: (21) 2537-0186

Cobal do Leblon
R. Gilberto Cardoso s/n – Leblon. Os boxes fecham às 18h; os restaurantes ficam abertos noite adentro. Tel.: (21) 2540-0604

Mercado do Produtor
Av. Ayrton Senna 1.791 – Barra da Tijuca.

Sabores de Niterói

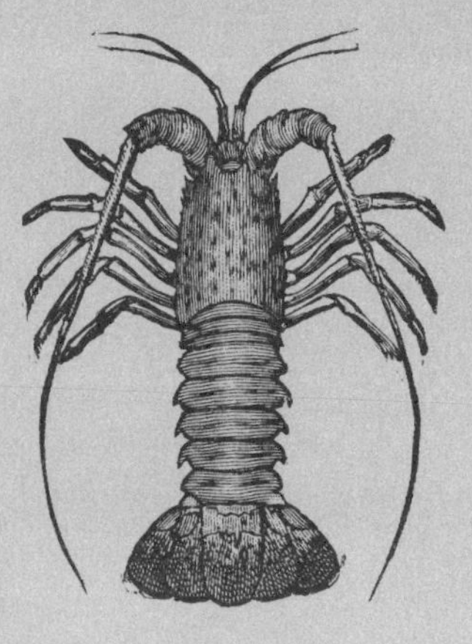

Niterói: cardápio do mar

Niterói: cardápio do mar

A história de Niterói está intimamente ligada à do Rio de Janeiro. Essa proximidade foi o motivo da própria existência do município fluminense, cuja história se desenvolveu entre as idas e vindas da antiga Corte brasileira. Uma baía separa os dois municípios e foi em torno dela que Niterói, fundada em 1573 pelo cacique Araribóia, se desenvolveu. Originalmente, a cidade criada para proteger a Corte de novos ataques de franceses em busca de pau-brasil chamava-se *Nheteroi*, que em tupi significa baía sinuosa ou porto sinuoso.

Assim, não é de estranhar que peixes e frutos do mar componham o cardápio do que há de mais tradicional da gastronomia de Niterói. A história da cidade também explica por que a cozinha portuguesa é quase sinônimo de cozinha típica niteroiense. Todos os restaurantes têm um traço em comum. Suas histórias confundem-se com a história das famílias proprietárias. São simples, mas não simplórios. E quem os visita sente-se em casa.

Mercado São Pedro

Peixes sempre frescos, e a bom preço, encontram-se no Mercado São Pedro, referência em frutos do mar e para onde rumam muitos cariocas em busca de bons pescados. Grandes chefs de cozinha circulam pelo Mercado São Pedro à procura do filé perfeito, sempre encontrado. Muitos dos 39 boxes são fornecedores de peixes para importantes restaurantes do Estado do Rio e até de São Paulo e Belo Horizonte.

Numa voltinha pelos corredores, você acha todo tipo de frutos do mar, como lulas, camarões e até mesmo raridades como chernes gigantes. Há também uma grande variedade de temperos próprios para pescados. No andar de cima, ficam os bares e restaurantes que preparam o filé fresco que você acabou de comprar no andar de baixo, mas opções nos cardápios não faltam.

A influência portuguesa

Foi no bairro portuário de Ponta da Areia que imigrantes portugueses se instalaram no século XIX, vindos do Rio de Janeiro, em busca de oportunidades. Hoje, conhecido como Portugal Pequeno, o local abriga um dos restaurantes mais festejados de Niterói: o Gruta de Santo Antônio.

Em 2006, o estabelecimento completou 29 anos de funcionamento. Foi fundado por Agostinho Henriques, um português originário de Viseu. Com sua morte, a esposa, Henriqueta, uma portuguesa de Alcobaça, assumiu o negócio.

Atualmente com 68 anos, dona Henriqueta ainda está à frente do restaurante e conta com os filhos Alexandre e Marcelo, que a ajudam desde que eram adolescentes, para tocar o negócio. Hoje, Alexandre é chef e sommelier do Gruta, enquanto Marcelo cuida da parte empresarial.

No começo, o local era uma pensão. Depois, virou um restaurante simples, com cardápio restrito a cinco pratos de bacalhau, que alimentavam comerciantes locais. Agora, são 15 pratos considerados de alta gastronomia, que permitem oitenta versões, e uma carta composta por 150 vinhos, a maioria portugueses do Alentejo. Por mês, o Gruta consome uma tonelada de bacalhau. Nas suas mesas decoradas com toalhas portuguesas, costumam se reunir políticos e artistas niteroienses e cariocas.

Segundo Alexandre, o arquiteto Oscar Niemeyer é um dos clientes mais assíduos e seu prato preferido é o bacalhau à Brás (desfiado, com batata palha, salsa, ovos e cebola). Outros dois são considerados os *best-sellers* da casa: bacalhau à lagareira (lombo assado com azeite, cebola, alho e salsa, acompanhado por batatas ao murro) e bacalhau Gruta de Santo Antônio (lombo cozido no azeite, acompanhado por batatas, ovos, cebolas, brócolis, camarão e alho frito).

Dona Henriqueta com os filhos Alexandre e Marcelo

A casa ganhou esse nome por conta do longo corredor de entrada que seu Agostinho achou parecido com o Caminho de Fátima. Mais tarde, foi decorado com pedras e uma imagem da santa, como as grutas portuguesas.

"Ainda me lembro do meu pai trabalhando na cozinha. Acho que herdei não apenas o seu dom, mas seu carinho pelo trabalho. Cada cliente, para nós, é como se fosse um membro da família que veio participar de um grande encontro dominical", diz Alexandre.

No final de Portugal Pequeno, o restaurante Decolores mantém a tradição das fartas refeições lusitanas. Há mais de dez anos, serve bacalhau em um ambiente típico de botequim. A casa, fundada à beira do porto, exigia simplicidade. O sucesso da comida fez o local ser freqüentado por um público diferente. O resultado é o New Decolores, exatamente ao lado, maior, mais arrumadinho e com direito a ar-refrigerado. Os dois servem a mesma comida. Os antigos freqüentadores não abrem mão de ocupar uma das poucas mesas do restaurante original.

Perto dali, no Centro de Niterói, funciona o botequim mais amado da cidade. O simpático pé-sujo Caneco Gelado do

Mário tem a fama de ter o melhor bolinho de bacalhau de Niterói e, se bobear, de todo o Rio de Janeiro. Esqueçam os bolinhos redondinhos. O do seu Mário é comprido como um charuto, exatamente como se faz em Portugal.

A casa existe desde 1969. Era uma lanchonete chamada Ponte Rio–Niterói. Na década de 1970, seu Mário comprou umas canecas de alumínio, novidade da época, para servir cerveja. Ele nem se lembra de quando o estabelecimento mudou oficialmente de nome. Quando reparou, já existia, de fato, o Caneco Gelado do Mário.

"A caneca fez muito sucesso porque a cerveja ficava bastante gelada. Só que todo mundo que vinha aqui queria levar a caneca para casa. Cheguei a recuperar algumas dentro da bolsa de um grupo que ia voltar para o Rio, na estação das barcas", conta seu Mário, que ainda guarda com carinho uma das canecas originais.

A proximidade com o Mercado de Peixe São Pedro fez com que seu Mário, um dia, comprasse meio quilo de carne de siri para fazer uns pastéis. Mais uma vez, o sucesso bateu à sua porta. Seus pastéis eram vendidos até para bares do Rio. Por conta disso, ele se animou a tirar da gaveta a receita de bolinho de bacalhau da avó portuguesa de Olivais.

Hoje, tem até fila na porta do bar para comprar a massa do bolinho de bacalhau. Na véspera do Natal, a fila começa às 5h e dá a volta no quarteirão. Diariamente, dezenas de tabuleiros de massa de bolinho são vendidos, para orgulho de seu Mário, um português que chegou ao Brasil aos dez anos.

O sucesso da cerveja gelada, do pastel de siri e do bolinho de bacalhau fez com que ele mudasse o cardápio do botequim. Agora, pratos como camarão com arroz e ervilha, moqueca capixaba ou baiana, posta de peixe frito ou grelhado e o exclusivo chiclete de camarão (camarão feito no dendê, com coco e três tipos de queijo) são tão celebrados quanto a empada de camarão – enorme – ou

Mário

os bolinhos de aipim com carne. As batidas de limão e coco também são *hits* do lugar.

"Aqui, faço o que o cliente quiser", diz seu Mário. Diariamente ele pode ser encontrado no balcão do bar, que há seis anos ganhou uma varanda para abrigar os clientes que se espalhavam pela rua. E a varanda já está pequena.

Bem longe dali, na Região Oceânica, o restaurante Seu Antônio mantém a tradição da culinária portuguesa na cidade. Há vinte anos, funciona no bairro do Cafubá. É outro exemplo de negócio tocado em família. O filho de seu Antônio, Fernando Alves, já pilota as panelas da casa, que se destaca também por suas sobremesas, como o rocambole do Algarves, feito com laranjas, amêndoas e ovos. Lá, as cozinhas portuguesa e brasileira convivem em harmonia. No cardápio, a rabada com agrião e o feijão-manteiga com lombo dividem espaço com vários tipos de bacalhau na brasa.

Peixes e frutos do mar

Jurujuba é um bairro criado em torno de uma aldeia de pescadores. O casamento de um casal de ex-pescadores, ambos do local, resultou na criação do restaurante Celina's. Isso foi em 1988, mas, dez anos antes, dona Celina já mantinha um pequenino restaurante no porão da casa em que morava, no canto final de Jurujuba.

No começo, ela só vendia empadas e pastéis. Mas o movimento não cabia dentro do pequeno restaurante. Quando se casou com Sidney, o casal ampliou o negócio; o restaurante, como é hoje, foi instalado em uma casa ao lado da em que moram. Dona Celina tem sessenta anos. Seu marido, conhecido no local como Sid, tem 58.

Os dois mantêm a rotina de trabalho no Celina's, mas quem está à frente das panelas, atualmente, é o filho do casal, Sidney Jr., de 34 anos.

"Fomos criando o cardápio aos poucos. O movimento foi sempre aumentando, graças a Deus. De repente, começaram a dizer que nós fazíamos os melhores pratos de frutos do mar de Niterói. É claro que ficamos felizes e orgulhosos", conta Sid, que gosta de mostrar sua cozinha impecavelmente limpa.

No ambiente simples, a comida chega em panelas ou travessas de barro. No cardápio, moquecas e bobó de camarão; camarão ou lagosta com catupiri, casquinhas de siri e, claro, pastel e empada de camarão.

Entre as moquecas, a de frutos do mar é a mais pedida. Mas também fazem sucesso a moqueca de mexilhão e a de peixe com molho de frutos do mar. Na preferência dos fregueses, os pratos à base de polvo.

"Acho que o segredo do nosso sucesso está no fato de saber escolher bem os peixes e os frutos do mar. Afinal, aqui todo mundo era pescador. Além disso, é um trabalho feito em família, com coração. É mais do que um negócio. É como receber os amigos em nossa casa", diz Sid.

Quem também credita o sucesso de seu negócio ao trabalho feito em família e com o coração é Antônio Marques. Há vinte anos, ele e a mulher, Leila Carla, inauguraram o Chalé Canoa, em Piratininga, na Região Oceânica.

Maranhense, Antônio morava no Rio e trabalhava como bancário. Sempre gostou de cozinhar, principalmente bobó e vatapá. Ele costumava freqüentar as praias da Região Oceânica de Niterói. Foi quando conheceu a niteroiense Leila. Ainda namorados, abriram um bar que só funcionava à noite, às margens da Lagoa de Piratininga, porque eram apaixonados pelo visual da região. Em 1990, casaram-se. Quatro anos depois, resolveram ampliar o cardápio oferecendo refeições.

Antônio foi para a cozinha fazer bobó de camarão, lula recheada e peixes na brasa. Um ano depois, largou o trabalho no banco para se dedicar somente ao restaurante.

Comer pargo, anchova, cherne ou salmão na brasa, acompanhado por arroz e pirão, no Chalé, tornou-se programa rotineiro dos freqüentadores das praias de Camboinhas e de Piratininga. Eram apenas sete mesas debruçadas para a lagoa de onde se avista grande parte das montanhas do Rio de Janeiro, até mesmo o Cristo Redentor. O movimento obrigou o Chalé a passar por uma ampliação. Agora, trinta mesas estão dispostas em um salão refrigerado, ao lado da tradicional varanda com suas sete mesas voltadas para a lagoa e suas garças. A decoração ainda é propositalmente rústica.

Na baixa temporada, o Chalé consome oitenta quilos de peixe para moqueca e cinqüenta quilos de camarão por semana. Na alta temporada, essa quantidade aumenta em 40%. Ao lado dos peixes na brasa e da lula recheada com camarão e catupiri – que se tornaram *best-sellers* imediatos – os risotos de camarão e de frutos do mar e a caldeirada fazem sucesso.

Antônio, 48 anos, ainda é o responsável pela cozinha e pela churrasqueira, mas já conta com auxiliares. Enquanto isso, Leila, de 38 anos, cuida da parte financeira.

"O cliente que vinha no barzinho e namorava aqui agora freqüenta o restaurante com os filhos. O Chalé é uma família. Quem lida com frutos do mar trabalha com coração, porque é um produto difícil, por ser perecível. Também é preciso gostar do cheiro de peixe para o negócio dar certo", diz Antônio.

Diferente de tudo

Geralmente, só vegetarianos gostam de restaurantes vegetarianos. Mas existe um que atrai qualquer pessoa que goste de comer bem em um ambiente bonito e tranqüilo. O restaurante Verdejante é um vegetariano instalado há oito anos em uma casa linda com jardim e amplo quintal, no Engenho do Mato, na Região Oceânica de Niterói. É obra do casal argentino Maria Pia Mosto e Oscar Palácios, há 39 anos no Brasil. Ela é a chef de cozinha. Ele, artista plástico cujas obras ficam em exposição na casa, que tem uma ampla biblioteca à disposição de todos.

"Quando abrimos o restaurante, diziam que era coisa de maluco. Que ninguém freqüentaria um restaurante vegetariano. Pois 99% dos nossos fregueses não são vegetarianos. São pessoas que não acreditavam que era possível existir comida vegetariana gostosa, mas provaram e espalharam que era possível, sim", conta Maria Pia. Ela e o marido são vegetarianos há 17 anos.

É Maria Pia quem cria e executa todas as receitas do restaurante, que funciona no esquema de bufê. São 15 pratos frios, vários tipos de pães e sobremesas. Às vezes, Maria Pia pensa em mexer no cardápio. Porém, quando tira alguma coisa, chove reclamação.

Segundo ela, não pode faltar quiche de nozes, terrines de cogumelos e rocambole de palmito. De sobremesa, mil-folhas com creme de amêndoas, suflê de limão-siciliano, tortas caseiras de frutas e, sempre, pavlova – doce feito com suspiro, creme de limão, chantili, morango e xarope de framboesa.

Para chegar ao Verdejante é preciso encarar uma estradinha de terra, mas nada que desanime. Uma vez no restaurante, esqueça o relógio. O local também é para ser saboreado. Isso vale para casais românticos ou famílias com crianças, que podem brincar de piquenique no gramado. "Recebemos como se fossem nossos amigos. Tem gente que passa o dia todo, fica na rede e deixa recados emocionantes em nosso livro de visitas. Comida vegetariana não é só carne de soja e arroz integral. Com imaginação, é possível fazer uma comida saudável e muito gostosa", diz Maria Pia.

Cachaça

O novo *status* que a cachaça vem obtendo no Brasil está estimulando bares e restaurantes a ter seus próprios rótulos. Em Niterói, o pioneiro na grife própria de cachaça é o Botequim Honesto, inaugurado há um ano no Jardim Icaraí. Lá, as coloridas batidas e caipiras de frutas que estão fazendo a fama do estabelecimento são feitas com a cachaça da casa: a 10 Honesta.

Tudo começou com um bate-papo entre um cliente do bar e o seu dono, Cezar Marques. O cliente é dono de um pequeno alambique na cidade mineira de Andrelândia, com 25 mil habitantes e oitenta produtores de cachaça. "Cachaça tem tudo a ver com botequim. Achei que seria interessante ter a minha própria cachaça e pedi que desenvolvesse uma que fosse suave, mas de qualidade", explicou Cezar, cujo bar tem o samba e o futebol como temas.

A cachaça e as batidas do Botequim Honesto

O processo de fabricação da 10 Honesta é totalmente artesanal. A fermentação é à base de fubá e o envelhecimento é feito em tonel de inox, e não de madeira, o que confere à bebida uma cor transparente, em vez de amarelada. O engarrafamento, a rotulação e a embalagem são feitos no próprio alambique. É com a 10 Honesta que Cezar faz as batidas e caipiras de frutas. As preferidas são as de morango com canela, abacaxi com kiwi, tangerina com maracujá, kiwi com gengibre e abacaxi com pimenta rosa.

Segundo Cezar, a produção da cachaça ainda é pequena. A idéia é aumentá-la para vender a 10 Honesta em delicatéssens. O próximo passo é o lançamento de uma pimenta própria.

Endereços e telefones

Botequim Honesto

R. Ministro Otávio Kelly 483 – Jardim Icaraí. Tel.: (21) 2711-2896

Caneco Gelado do Mário

R. Visconde de Uruguai, 288 / lojas 4 e 5, mas a entrada é pela R. Marquês de Caxias 49 – Centro. Tel.: (21) 2620-6787

Celina's

R. General Eurico Gaspar Dutra 76 – Jurujuba. Tel.: (21) 3611-1012

Chalé Canoa

Av. Almirante Tamandaré 288 – Piratininga. Tel.: (21) 2619-3581

Decolores

R. Barão de Mauá 3.542 – Ponta da Areia. Tels.: (21) 2622-6166 e 2622-6167
www.restaurantedecolores.com.br

Gruta de Santo Antônio

R. Silva Jardim 148 – Ponta da Areia. Tels.: (21) 2621-5701 e 2613-0762
www.grutadesantoantonio.com.br

Mercado São Pedro

R. Visconde do Rio Branco 55 – Ponta da Areia, Niterói.
Tel.: (21) 2620-3446

Seu Antônio

R. 61 quadra 66, lote 17 – Cafubá. Tel.: (21) 2619-6584

Verdejante

Est. São Sebastião Km 2 (a dois quilômetros do asfalto, na antiga Est. Vai e Vem) – Engenho do Mato. Tel.: (21) 3021-2677

Sabores das Serras

(Petrópolis, Teresópolis, Nova Friburgo, Serrinha do Alambari, Capelinha, Visconde de Mauá e Três Rios)

3

Gastronomia em alta

As serras fluminenses são deslumbrantes. Subir a serra, seja para que lado for, é sempre um prazer, em qualquer época do ano. Mata exuberante, trilhas, circuitos turísticos organizados, cachoeiras, rios de águas límpidas, tudo isso nos leva ao prazer de viajar, principalmente quando a esse deleite junta-se a rica gastronomia das serras do estado.

O clima nos convida aos prazeres da mesa numa região rica em bons restaurantes, hotéis, pousadas aconchegantes e lindas paisagens.

O Estado do Rio de Janeiro é cortado por várias serras. Aqui você vai encontrar os sabores de uma parte delas, como a riqueza gastronômica de Petrópolis e seus arredores – Araras, Rocio, Secretário, Brejal, Itaipava. Trutas, tilápias, cogumelos, escargôs (caracóis), doces, ervas aromáticas, produtos orgânicos, chocolates, enfim, encontra-se um pouco de tudo nos bons restaurantes da região, nos produtores e, principalmente, no charmoso Hortomercado Municipal, que já virou uma atração turística.

Entre Teresópolis e Friburgo, você pode passear pela encantadora e gostosa Terê-Fri, nome carinhoso que recebeu a estrada RJ-130, que liga as duas cidades. Belas paisagens, bons hotéis e pousadas, excelentes restaurantes e produção de queijos e mel são marcas registradas da rodovia. Diga-se de passagem que tanto Teresópolis quanto Friburgo têm uma razoável produção de queijos e trutas. É bom lembrar ainda que em Teresópolis localiza-se o melhor restaurante de culinária russa do Brasil, o Dona Irene.

Dali vamos a outra serra, Visconde de Mauá, passando antes pelas trutas da Serrinha do Alambari e pelo Alambique Centenário, na Capelinha. Em Mauá, encontramos rica gastronomia, marcada pela sofisticação do restaurante Rosmarinus Officinalis, pelo sabor mineiro do Gosto com Gosto e pelos pratos criativos da chef Maria Olímpia, da Pousada Fazenda do Mel – muitas vezes vencedora do concurso gastronômico realizado todo ano na cidade. Mauá é, também, terra de produção de queijos e da famosa truta rosa.

Petrópolis é puro encanto

Petrópolis é encanto puro. A cidade de Pedro, como diz o nome, está a uma hora do Rio de Janeiro. É cercada de Mata Atlântica por todos os lados. É a sede da primeira Área de Proteção Ambiental (APA) criada no Brasil. Sua beleza chamou a atenção do Imperador D. Pedro I em 1830, levando-o a adquirir a Fazenda do Córrego Seco, onde construiu sua residência de verão. A propriedade deu origem à única cidade imperial das Américas, em 16 de março de 1843, e suas características ainda podem ser apreciadas pelas ruas.

A cidade tem história para contar. Acolheu imigrantes alemães, italianos e portugueses, influência que se faz presente na gastronomia

Filé ao molho de mostarda, Sabor da Fazenda

e na arquitetura. Pela importância, atraiu intelectuais e artistas, como Santos Dumont, Rui Barbosa e o Barão do Rio Branco. As casas, assim como o Museu Imperial, o Palácio de Cristal e a catedral, são pontos turísticos que valem ser visitados.

A primeira estrada de rodagem brasileira, inaugurada em 1861, liga Petrópolis a Juiz de Fora (MG). A Estrada União e Indústria é a principal via de Itaipava, um dos cinco distritos da Cidade Imperial. Em Itaipava, aglomeram-se as mais diversas zonas de produção, como o Sítio do Moinho, uma das mais conhecidas plantações orgânicas do estado, e um sem-número de restaurantes, que viraram referência da boa mesa no país. Esse extraordinário talento para a culinária de alto nível fez com que o lugar passasse a ser conhecido como um dos principais centros gastronômicos do Brasil.

Para conhecer um pouco do que é produzido na região, o Hortomercado Municipal é parada obrigatória. O lugar oferece desde verduras e hortaliças recém-colhidas a queijos, doces artesanais, famosas pastas, musses da Coisas da Fazenda e trutas frescas. Está localizado na conhecida Estrada União e Indústria, bem na entrada de Itaipava.

Em seus arredores, localiza-se o Vale dos Gourmets, do qual Araras faz parte. Ali é possível conhecer o primeiro restaurante brasileiro especializado em escargôs, o Alameda 914. Ou pode, simplesmente, aproveitar a ocasião para saborear a melhor comida

Sítio do Moinho

caseira de montanha no Sabor de Fazenda. Para sobremesa, vale conferir as delícias fabricadas no Sítio Humaytá, localizado em Secretário, a alguns quilômetros dali.

Se o turista for daqueles que gostam de conhecer lugares novos e têm espírito aventureiro, o Brejal é a melhor pedida. Localizado na Posse, quinto distrito de Petrópolis, apresenta um leque amplo de opções em que se podem apreciar bons pratos. Algumas delas, aliás, oferecem ao visitante a possibilidade de conhecer as zonas de produção, como a Provence ou o Trutas do Firmeza. Quem tiver curiosidade de ver de perto uma criação de escargôs pode passar na Caracóis Invernada. Todos eles fazem parte do Circuito Eco-Rural Caminhos do Brejal, criado com a participação do Sebrae/RJ, em função da demanda turística do local.

Para quem viaja com a família, Petrópolis dispõe de alternativas que vão atender a todas as idades. Próximo ao Brejal, no distrito da Posse, há o Clube de Pesca 3 Vales, um lugar que oferece boa comida, pousada e pesque-e-pague. Já quem procura tranqüilidade e maior contato com a natureza deve optar pelo Trutas do Rocio, que alia um cardápio delicioso ao belíssimo visual dos tanques repletos de peixes. Alguns metros adiante também é possível conhecer o cultivo de cogumelos no Shiitake Imperial.

Se você é do tipo chocólatra ou simplesmente não dispensa um docinho, antes de sair de Petrópolis não deixe de passar na Patrone e na Mr. Paul. Ambas prometem tirar qualquer um da dieta.

Em Petrópolis, é certo encontrar algumas boas surpresas em cada pequeno lugarejo. Vale conferir!

Mr. Paul

Ir a Petrópolis e não conhecer a Mr. Paul chega a ser um sacrilégio. A trezentos metros do pórtico de entrada da cidade, é parada obrigatória, antes de seguir para qualquer outro destino. Brownies, chutneys e geléias são algumas delícias fabricadas sob o olhar atento de Daniel Barbosa, que está na Mr. Paul desde 1982.

Do lado de fora já se sente o aroma do brownie, o produto mais famoso do lugar. Diariamente, são vendidas quatrocentas unidades do bolinho de chocolate com recheio cremoso. Ao entrar, pode-se acompanhar cada etapa do processo de produção: desde

a mistura da massa até ir ao forno. Os chutneys e geléias também estão ali: é impossível não sentir água na boca!

Daniel conta que tudo começou em 1976, quando o americano Paul Giamis iniciou a produção de tortas tipicamente americanas, que vendia para os hotéis da região. Ele aprendeu a cozinhar com a mãe, italiana, e o *hobby* virou negócio lucrativo quando, três anos depois, começou a fazer queijos tipo boursin.

As tortas foram abandonadas. Mais tarde, começaram a produzir picles em conserva e molhos chutneys de tomate, maçã, morango, abacaxi, pêra e pêra com gengibre. Além dessas delícias, hoje existe uma linha de geléias (a de menta é a campeã de vendas), *kits* para fondue, berinjela e pepino agridoce.

Tudo ainda é feito à moda antiga, ou seja, para fazer a geléia, é usado o sumo da fruta. Da horta do sítio de Mr. Paul, que morreu no início de 2005, saem os produtos e as experiências para novas receitas.

Patrone

Tradição na produção de chocolates, balas e caramelos desde 1913, a Fábrica de Chocolates Patrone é um grande atrativo para os visitantes de Petrópolis. Pioneiro na fabricação de ovos de Páscoa, o lugar é um paraíso para os chocólatras inveterados. Destaque para os bombons de licor e de frutas naturais, que fazem a festa da criançada e dos adultos.

A história da chocolateria começou longe dali: na Rua Sete de Setembro, Centro do Rio de Janeiro, quando o italiano Elias Patrone e o português Narciso Basto fundaram o Café Patrone. Logo depois, montaram a Fábrica de Chocolates Patrone, na Rua da Lapa. Em 1919, a sociedade acabou e Narciso ficou com a fábrica.

Reza a lenda que o pioneirismo na venda de chocolates na data santa foi iniciado em 1922. Naquela época, o proprietário

Docinhos da Patrone

viajou até a França e trouxe as primeiras fôrmas. Com as altas temperaturas do Rio, que prejudicavam a conservação dos produtos, Narciso resolveu, em 1945, levar a fábrica para Petrópolis. A belíssima loja, localizada na Rua Coronel Veiga 1.349, vende os saborosos doces da empresa. Eles adoçam a vida de quem passa por lá. A quarta geração da família comanda a empresa.

Os caramelos são os produtos de maior tradição da Chocolates Patrone, mas a principal pedida dos turistas fica por conta das balas de leite Feliz Aniversário, assim chamadas pela mensagem de amor e felicidade que, na embalagem, vinha escrita em versos da escritora Rachel de Queiroz. Atualmente, as balas não vêm mais com as mensagens, mas continuam populares e são vendidas em diversas localidades do Rio, como restaurantes, hotéis e aeroportos.

A indústria tem capacidade para fabricar e embalar cerca de 2,5 toneladas de balas e chocolates por dia. Na época da Páscoa, a melhor opção, sem dúvida, é passar na Patrone e garantir que a festa seja a mais gostosa do ano.

É fácil chegar à Patrone: caso esteja no Centro de Petrópolis, siga em direção ao bairro Terra Santa. Daí basta ir pela Rua Coronel Veiga.

Itaipava cheia de charme

Hortomercado Municipal

Itaipava, um dos distritos de Petrópolis, é mesmo um lugarzinho cheio de charme. Talvez pela sua proximidade com o Rio de Janeiro, a apenas uma hora de carro, transformou-se, senão no principal, em um dos mais importantes centros gastronômicos do país. São dezenas de excelentes restaurantes, alguns localizados em sofisticadas pousadas.

Os amantes da gastronomia, além de se deliciar com a diversificada culinária local, descobriram um novo *point* que já se transformou em mais uma atração turística do lugar: o Hortomercado Municipal. Localiza-se na Estrada União e Indústria, bem no Centro de Itaipava: é um festival gastronômico e visual. Verduras e hortaliças fresquinhas, produtos orgânicos (tem uma cenourinha dos deuses), ovo caipira, frutas, truta e tilápia, doces artesanais, cogumelos dos mais diversos tipos e mel. É importante ressaltar que 95% dos produtos são da Região Serrana.

Além disso, há uma lojinha interessante, na qual o visitante encontra queijos de cabra de Nova Friburgo e de Guapimirim, as geléias e os doces fantásticos do Sítio Humaytá, de Secretário, vizinho de Itaipava, a já famosa goiabada cremosa da Tereza Quintella, de Três Rios, e um requeijão todo especial, que desmancha na boca. Esse vem de Mar de Espanha (MG). No hortomercado há também um barzinho em que você pode jogar conversa fora com os amigos enquanto toma uma cervejinha sempre gelada, acompanhada do já tradicional pastel da casa.

Sítio do Moinho

Já imaginou fazer uma refeição inteira só com produtos orgânicos? Pode ser um café-da-manhã, com pão fresco, café feito na hora, queijos e frutas. Ou um almoço composto por carne vermelha, arroz e salada, ou ainda por uma massa deliciosa com molho ao sugo. Tudo é produzido sem adubos químicos e pesticidas na lavoura, respeitando o meio ambiente e preservando os recursos naturais. Embora isso tenha parecido, durante muito tempo, um sonho longe da realidade, o Sítio do Moinho conseguiu concretizá-lo. Numa propriedade cercada pela Mata Atlântica, um sem-número de produtos saudáveis é produzido e estocado para atender aos clientes mais exigentes, com a comodidade de ser entregue em casa, se for o caso.

A professora de História Ângela Thompson, com seu espírito empreendedor, é a responsável por toda a estrutura. Desde 1989, ela vem investindo em agricultura orgânica e fechando parcerias com outros produtores para que seus consumidores possam ter acesso aos melhores produtos do mercado. A horta, que nasceu naquela época, foi somente o pontapé inicial de um projeto que, hoje, distribui seus frutos para grandes redes de supermercado no Rio e na Região Serrana. A plantação, aliás, é de uma beleza ímpar e vale ser visitada. No local, Ângela produz uma gama imensa de hortaliças e legumes; conta que aposta no melhoramento incessante do solo para manter a produção a todo vapor. Para isso, investe em técnicas que promovem a fertilidade natural e busca o equilíbrio entre a flora e a fauna.

"No início, eu e minha mãe fazíamos tudo, junto a uma equipe bem pequena. Chegamos até a acordar de madrugada para colher algum produto que faltasse nas encomendas", conta, enfatizando que o negócio somente começou a crescer em 1997, quando iniciou as vendas para o supermercado Zona Sul.

Produtos do Sítio do Moinho

Certificado pelo Instituto Biodinâmico de Desenvolvimento Rural (IBD), o Sítio do Moinho diversificou sua oferta e também atende a restaurantes e clientes em domicílio. Como surgiram demandas de especialidades que ela não produzia, Ângela foi formando parcerias em vários lugares do Brasil para disponibilizar os mais diferentes produtos que seguissem a linha orgânica. O projeto vem fazendo muito sucesso.

Para dar conta do empreendimento, cerca de cem profissionais trabalham em áreas que variam desde produção e embalagem até entrega e panificação. Ângela mantém uma padaria que produz pães orgânicos – delícias que podem ser adquiridas na lojinha, no segundo andar do escritório. Aos domingos, o lugar atrai moradores e visitantes que chegam para adquirir um azeite, um suco ou produto novo para levar para casa, conhecer as dependências do sítio ou, simplesmente, beber um café em uma das mesinhas dispostas na área externa. As mesas são ornamentadas com vasinhos de ervas frescas, colhidas na horta. Um charme a mais que faz a diferença.

Com o orgulho de quem está sempre à frente dos negócios, a proprietária é atenciosa com todos. Aliás, vale destacar a relação com os empregados: é pura amizade. Conhece-os pelo nome e fala das respectivas histórias. O clima agradável é sentido por qualquer um que esteja próximo. Enfim, o local é para quem quer conhecer uma horta orgânica, bater um bom papo, com direito a saborear um lanche saudável e ainda adquirir produtos de boa qualidade. Programa imperdível!

Coisas da Fazenda

Escondida no Vale do Cuiabá (Itaipava), um lugarejo lindo em Petrópolis, a Coisas da Fazenda poderia passar despercebida em uma visita gastronômica à Região Serrana – afinal, está localizada em um espaço pequeno na Assistência Social Santa Therezinha. A questão é que seus patês, boursins, pastas e musses fizeram história: é impossível não aproveitar a oportunidade para abastecer a despensa de casa. Nascida como loja em Ipanema, na Zona Sul do Rio, a marca cresceu e, há 25 anos, foi fundada como fábrica de laticínios.

Treze pessoas trabalham na produção de delícias que são encontradas em todo o estado. Os preços são atraentes e, dependendo do produto, podem sair pela metade do valor cobrado no mercado. Os produtos são fresquíssimos, o que é da maior importância, pois a matéria-prima – adquirida em São José do Vale do Rio Preto – é altamente perecível.

Entre os patês, destaque para o de foie gras, mas os de trutas e poivre também são maravilhosos. Delícia dos deuses. Os boursins são mais variados: alho, calabresa, salmão, cebola, ervas, poivre, mostarda e tomate. As pastas também são encontradas nesses sabores (com exceção do poivre) e ainda em outros, como páprica, truta defumada, azeitona preta e provolone.

Alameda 914

Rodeado por montanhas que formam uma linda paisagem, que pode ser apreciada das janelas pelos clientes, o Alameda 914 é o primeiro restaurante do Brasil especializado em escargôs. Com cozinha internacional e funcionando desde 2002, o Alameda tem um cardápio bastante variado.

Integrante da Rota 22, circuito turístico de 22 km que liga Araras ao Vale das Videiras, o Alameda já fez fama na região. Administrado pelo casal Otton Junqueira e Sílvia Melo, não tem capacidade para receber mais de 16 pessoas ao mesmo tempo, o que confere ao lugar um clima intimista. Somado a isso, o restaurante fica na casa em que mora o casal. A antiga sala foi elegantemente decorada para atender aos clientes, que nos fins de semana chegam a sessenta pessoas. Nas janelas, há flores que lembram casas de filmes. No lado externo, uma buganvília florida de sessenta anos faz as honras da casa para quem ainda não conseguiu ser atendido. Para garantir o conforto dos que esperam, Otton providenciou uma mesa ampla que circunda a árvore e notou que, surpreendentemente, poucos são os que querem sair dali quando há mesas vagas na ala interna.

Escargôs

Otton e Sílvia comandam a cozinha, com a ajuda de uma cozinheira, e recebem pessoalmente os clientes. Mas o sucesso não chegou por acaso. Na verdade, Otton é um antigo criador de escargôs da região, tendo trazido as primeiras matrizes há 16 anos. É, portanto, um exímio conhecedor da iguaria, mas não passava pela sua cabeça abrir um restaurante. Certo dia, um amigo telefonou, dizendo que estava com um grupo de pessoas nas redondezas e perguntou se Otton poderia preparar um jantar para eles naquela noite.

"Na hora pensei em dizer 'não', mas acabei aceitando o desafio. Eu e Sílvia trabalhamos desesperadamente para conseguir fazer tudo em tempo hábil e com a melhor qualidade possível. No final, o resultado foi ótimo, todos gostaram e aprovaram as nossas receitas", comenta Otton. Desse dia em diante, o casal percebeu que tinha condições de abrir um restaurante. O antigo produtor começou, então, a fazer cursos de culinária e a participar de encontros de gastronomia. Com a ajuda de alguns amigos chefs, iniciou o negócio.

A maioria das opções expostas no cardápio foi criada por ambos. Entre as delícias reveladas, as mais pedidas pelos clientes são o escargô à bourguignonne, como entrada, e ragout, cassoulet ou escondidinho como pratos principais – em versões que levam caracóis, é claro. Tudo devidamente acompanhado de um bom vinho.

O escargô é um molusco comestível conhecido em todo o mundo. A história diz que o bichinho já fazia parte da alimentação do homem há milhares de anos, já que arqueólogos encontraram suas conchas ao lado de ossadas humanas em cavernas. A criação tem o nome de helicicultura e tornou-se necessária em razão da caça predatória e da devastação da natureza nas áreas em que ele era, originalmente, abundante. A espécie Gros Gris, utilizada no Alameda 914, tem o nome científico de Helix aspersa maxima. *Muito prolífero, tem ótima aceitação nos mercados externo e interno. É indicado para criação em regiões com climas temperados e frios.*

Sabor de Fazenda

Se você gosta de sair para viajar e procura um ótimo lugar para comer na estrada, o Sabor de Fazenda, em Araras, é perfeito para essa ocasião. A oitenta quilômetros do Rio de Janeiro, o lugar, que também faz parte do circuito gastronômico Rota 22, oferece deliciosas refeições para os visitantes da serra. A proprietária, Isabel Baetas, mais conhecida como Bebel, explica que, desde a inauguração, em 1983, a proposta sempre foi fazer uma comida caseira de montanha, com pratos simples e saborosos, de acordo com o clima da região.

Com cardápio bem variado, o Sabor de Fazenda é amplo, tem capacidade para atender sessenta pessoas e funciona somente nos fins de semana. Durante a semana, o local abre, porém mediante reserva. O aspecto rústico da instalação, que foi totalmente montada com toras de madeiras por Ricardo Baetas, marido de Isabel, dá ao lugar um toque de charme que todos os turistas apreciam. As lareiras complementam o ambiente agradável. A atmosfera aprazível fica perfeita com um belo pedido, que pode ser recomendado pelo casal, como o filé ao molho de mostarda, um dos mais requisitados pelos clientes, ou o mesmo filé acompanhado de batata rosti. Quem preferir, pode optar por um prato de bacalhau ao Brás ou apenas beliscar uma carne-seca desfiada.

No começo, era somente uma lojinha, na qual o casal vendia sanduíches naturais e pequenas guloseimas. Logo depois veio o restaurante. A família também tem participação atuante no sucesso do estabelecimento. Além de Ricardo e Isabel, que ajudam na cozinha e recebem pessoalmente os clientes, a mãe dele, dona Elza, faz algumas das tortas e docinhos que são vendidos na lojinha, que ainda está lá. É um festival de delícias para agradar ao cliente, até mesmo quem, de repente, só queira beber um café no fim de tarde.

Do restaurante vê-se uma bonita área gramada, que faz a cabeça das crianças. Com um pouco de sorte, a natureza dá o recado no Sabor de Fazenda; é possível ver esquilos e porcos-espinhos que passam pelo local para conferir o cheiro da boa comida.

Sítio Humaytá

Imagine pedaços de abóbora recortados com as laterais em ondas, imersos em uma calda incolor. Acrescente a essa imagem o sabor doce, porém suave, e a textura crocante por fora, suculenta por dentro. Com um agravante que chama a atenção dos fanáticos de plantão por doces: tudo isso com 40% de açúcar a menos do que os produtos normais. Essa é uma das Delícias Artesanais de Secretário, produzida no Sítio Humaytá, fincado num cantinho da bucólica Secretário, a vinte quilômetros de Itaipava, pela BR-040.

Zé Adolfo e Gilson Gomes, os sócios proprietários, afirmam que o doce de abóbora em pedaços é um dos preferidos entre as 46 especialidades produzidas – entre compotas, doces em barras, geléias, chutneys, antepastos e conservas. É um manancial de gostosuras artesanais e sem conservantes.

Grande parte da matéria-prima é colhida ali mesmo: com 120 mil metros quadrados plantados, o Humaytá é repleto de árvores frutíferas – no total são 23 tipos diferentes. Só de goiaba são 150 pés, mas há também figo, mamão, laranja-da-terra, laranja kinkan e banana.

Delícias de Secretário

Pessoalmente, Zé desenvolve os produtos, pilota o fogão e divide a cozinha – limpíssima – com uma equipe de oito funcionários, que, com a roupa branquinha, mexem e remexem as imensas panelas, que espalham no ar um cheiro de infância. A entrega no mercado é feita pelas mãos de Gilson, que cuida da área administrativa.

As visitas são sempre bem-vindas ao Humaytá. De segunda a segunda, os sócios recebem os interessados e explicam, tintim por tintim, o processo de produção. Com um pouco de sorte, os visitantes podem se deparar com bacias de amoras, morangos e pepinos sobre as mesas da cozinha, prontas para ir ao fogo. Uma festa de cor que brinda os olhos e dá água na boca. As assistentes de Zé Adolfo são risonhas, e tanto ele como Gilson fazem questão de acompanhar o *tour*, que culmina numa mesa repleta de guloseimas, na sala principal da casa.

Torradinhas, biscoitos, bolos, pães fresquíssimos, tudo para combinar com os produtos que estão expostos para degustação. Impossível não experimentar! O café quentinho fecha o programa com chave de ouro. Bebido na varanda, decorada pelos sócios, dá para aproveitar a paisagem e ainda curtir o canto dos pássaros de plantão.

Os sócios contam que, ao contrário de outros produtores, ainda se deliciam com os doces quase que diariamente. Os mais procurados pelos clientes são os de laranja-da-terra e de goiaba ao creme. Para quem quiser se aventurar pelos sabores diferenciados da boa cozinha, vale destacar, ainda, as geléias de pimenta e pimentão, indicadas até pelo chef Christophe Lidy, do Garcia & Rodrigues (Leblon, Rio de Janeiro), um dos maiores fãs. Em carnes brancas, sanduíches ou com camarão, não há quem resista.

Desde 1988, Carmem – uma entre os sete irmãos do arqueólogo gaúcho José Adolfo – foi ao sítio, mantido por ele, em Secretário, e achou um desperdício que as árvores dessem tantas frutas não aproveitadas no local. Eram laranjas, goiabas, figos, bananas em tamanha quantidade que seria um sacrilégio descartá-los, embora soubesse da impossibilidade de comer todas. Junto ao engenheiro e economista Gilson Nunes, o irmão se dedicava à criação de cabras e à produção de leite e derivados, o que não lhe dava muito tempo para se entregar ao seu maior prazer: cozinhar.

Carmem, então, deu asas ao que os gaúchos estão mais do que acostumados a fazer nas reuniões familiares; correu para a cozinha e produziu algumas compotas junto da outra irmã, que a acompanhou na aventura. A alquimia de ambas foi colocada em vidros simples, que já existiam na casa. Para dar uma graça, as tampas foram enfeitadas com tecido e florzinhas encontradas no sítio. Os doces – sem pretensão – ganharam as prateleiras da lojinha mantida pelos sócios para vender os laticínios e, rapidamente, sumiram delas. Assim, nascia a Delícias Artesanais de Secretário.

Provence

Situada a mais de mil metros de altitude, a Provence é um paraíso da produção de ervas finas, cultivando aromas e sabores há mais de trinta anos. Propriedade do casal Maria Lúcia e Joaquim Nabuco, desde 1973, a fazenda oferece aos visitantes, além do visual maravilhoso, um restaurante encantador, uma pousada e uma pequena loja para a venda dos produtos ali cultivados. O local faz parte do Circuito Eco-Rural Caminhos do Brejal, uma estrada de aproximadamente vinte quilômetros que reúne interessantes zonas de produção e restaurantes.

A idéia de produzir ervas finas surgiu após uma das temporadas que o casal costumava passar em Paris. Na França, segundo Maria Lúcia, o uso de ervas já era um hábito compartilhado por muitas pessoas, no início dos anos 1970. Com a experiência prática de quem consumia os temperos em todas as refeições, eles foram em busca de *know-how* para começar a própria produção. Hoje, o projeto é sucesso absoluto. Com quatro hectares plantados, trinta funcionários e cerca de vinte tipos de ervas produzidas sem agrotóxicos, a Provence comercializa produtos frescos e desidratados, abastecendo o próprio restaurante, delicatéssens no Rio de Janeiro e da rede Mundo Verde.

O restaurante, aliás, é aberto a qualquer visitante. Charmoso, de estilo provençal e com amplas janelas azul-lavanda, está localizado no meio do enorme terreno, cercado por belíssimos canteiros de alecrim, segurelha, orégano e manjericão, entre outros. As ervas temperam todos os pratos que constam do cardápio. Entre os preferidos da clientela estão o grelhado de pato com gengibre, a tilápia cozida no vapor com molho de aneto, além das costeletas de cordeiro assadas. O local tem salão e bar com lareira e também uma cozinha campeira com fogão a lenha, forno de pizza e churrasqueira. O restaurante funciona de quarta a sexta-feira para almoço, das 12h30 às 16h, e sábados, domingos e feriados, das 12h30 às 17h.

Ao lado, a loja aberta pelos Nabuco é bem aconchegante. O turista pode encontrar os produtos da fazenda e da região, como as ervas desidratadas acondicionadas em potes de vidro, de cerâmica ou em sachês. Além disso, vendem-se mel, queijos, vinagres e azeites temperados com ervas ou com pimentas, cogumelos shiitake e pleurotus. Para quem quer ter o gostinho de plantar seu próprio tempero, a loja também oferece mudas em potes de barro ou em vasos plásticos. É promessa de aromas e novos sabores para o ano todo.

Para quem não tem pressa de ir embora, a Provence tem, no conforto de suas instalações, na privacidade e na tranqüilidade do lugar, os seus diferenciais. Os chalés foram projetados para abrigar uma família inteira. Têm duas camas de casal, lareira, aquecedores de ambiente, TV de tela plana, frigobar e *boiler* elétrico. Das janelas dos chalés, é possível observar o lindo lago com tilápias e carpas e, ao fundo, a Serra do Taquaril. A pousada funciona mediante reserva confirmada.

Trutas do Firmeza

Criadas na mais pura água da serra, as trutas da família Firmeza são das mais requisitadas no mercado do Rio de Janeiro. Com 15 anos de tradição na produção desses peixes de água doce, o casal

Casquinha de truta gratinada

Pedro e Sylvia Firmeza já conquistou um espaço merecido, graças à alta qualidade de seus produtos. Quem quiser provar suas delícias pode correr ao Hortifruti, conhecida rede carioca, ou fazer uma visita ao sítio, que também faz parte do Circuito Eco-Rural Caminhos do Brejal. É possível não só conhecer a zona de produção, como também saborear um pastelzinho de truta.

O casal descobriu o terreno em que é feita a produção quando passeava a cavalo na região e avistou a terra à venda. O local despertou o interesse dos dois, que logo montaram um pequeno negócio paralelo para a criação de trutas. "Começamos com muito empenho. Compramos vários livros e fizemos diversos cursos para que pudéssemos ter um produto de qualidade", explica Sylvia.

Na época, o casal ainda morava no Rio de Janeiro e acompanhava o criatório com mais freqüência nos fins de semana. Com o aumento da demanda, e por conseqüência da produção, ambos decidiram que tinham de ficar mais próximos do negócio. "A criação de truta é um trabalho especializado; é muito importante acompanhar de perto todo o processo", afirma Pedro, acrescentando que investiu na profissionalização da produção para suprir as necessidades do mercado.

Há cerca de seis anos, o casal mora em Itaipava e faz da atividade a fonte de renda da família. São quatro os tipos de produtos feitos pelos Firmeza: o filé de truta natural, o temperado, o defumado e o patê de truta. A linha premium de filé é um segmento que foi especialmente desenvolvido para as redes de supermercados. Além do varejo, os Firmeza vendem também para vários restaurantes do Rio.

Na área da produção, que ocupa quatro alqueires, foi construída uma "barraca", como prefere chamar Sylvia. Na verdade, é um pequeno restaurante em que o casal recebe até 24 pessoas para desfrutar de deliciosos pratos feitos, é claro, à base de truta. Todos os fins de semana, há duas opções quentes no cardápio a preços bem acessíveis – R$ 9,00 o prato. Os petiscos também chamam a atenção. Destaques para o pastelzinho de truta e para a casquinha de truta gratinada. É de comer de joelhos. Acompanhados de cerveja ou uma dose de cachaça vinda diretamente de Minas, não há quem resista.

A truta é um peixe da família do salmão e adaptou-se bem às águas geladas das serras fluminenses. De água doce, tem características bem interessantes: precisa de baixas temperaturas e água corrente e limpa para sobreviver. Tem carne delicada e saborosa. É um alimento com alto valor nutritivo, sobretudo por conter ácidos graxos do grupo ômega-3, recomendado em dietas alimentares para reduzir os níveis de colesterol LDL – o mais perigoso para o coração. No Brasil, cria-se apenas a espécie arco-íris. O Estado do Rio é o quarto maior produtor de trutas do Brasil, atrás de São Paulo, Minas Gerais e Santa Catarina. Aqui, além de Petrópolis, há criadores em Teresópolis, Friburgo, Serrinha do Alambari e Visconde de Mauá.

Caracóis Invernada

Um pouco da história da criação de escargôs em Petrópolis pode ser contada pela Caracóis Invernada, mais uma das zonas de produção que integra o Circuito Eco-Rural Caminhos do Brejal. Há seis anos, o sócio proprietário Alfredo Chaves começou a criar as matrizes do molusco, dando início à enorme produção que existe hoje.

A empresa foi a primeira a construir um entreposto de escargôs no estado, o que a conferiu um *know-how* considerável na produção

do bichinho. Hoje, o criatório fornece para diversas pousadas, restaurantes e delicatéssens da região e do Rio de Janeiro.

Desde o início, a criação foi voltada para a comercialização. Agora, três funcionários controlam a produção – toda feita na propriedade. Quem come o molusco não imagina que, até chegar deliciosamente ao prato do cliente, ele passa por um demorado processo. No modo comum de criação, o escargô reproduz-se, em média, duas vezes ao ano, nas chamadas posturas, nome dado ao período reprodutivo. São mais ou menos seis meses até estarem prontos para o abate. Como é um animal hermafrodita, o escargô não depende de outros para sobreviver e precisa de muito cuidado. A criação, como explica o sócio William Barbosa, requer muita paciência.

Para aumentar a produção, a Caracóis Invernada utiliza um processo moderno, importado da França. No modelo, os moluscos são criados ao ar livre, em uma área restrita, no meio de leguminosas. Dessa maneira, segundo William, os escargôs crescem naturalmente e mais rápido, sem risco de contaminação e de perdas. Ele explica que, no método antigo – em que eram utilizados 14 tanques de criação e um sistema bem mais trabalhoso –, perdia-se tempo demais no cuidado do animal e as chances de muitos morrerem eram maiores. Com o modelo atual, a Caracóis tornou-se uma das principais produtoras da região.

A Caracóis vende seus escargôs in natura ou congelados, prontos para irem ao forno e serem saboreados, nas opções com ou sem o molho de manteiga. Quem preferir o produto sem as conchas, no caso de ter dificuldades de lidar com a iguaria, William explica que o pedido também pode ser atendido.

A Caracóis Invernada é aberta à visitação pública. O turista acompanha desde a criação dos escargôs até serem embalados para consumo. São cobrados R$ 5,00 por pessoa, e R$ 7,00 com degustação. Além disso, os visitantes podem comprar, na hora, os escargôs produzidos no local.

Trutas do Rocio

Uma das melhores opções para quem quer comer truta em Petrópolis situa-se numa das localidades mais bonitas do município: o Rocio. Por si só, o lugar já vale a viagem. Área de preservação ambiental, situada às margens da BR-040, é pura Mata Atlântica desde a entrada. É nesse clima que Joe Aguirre abriu o Trutas do Rocio, numa propriedade a seis quilômetros da estrada principal. Não há indicações, nem placas pelo caminho, mas, seguindo a via de paralelepípedos, não é difícil chegar. Recorra ao marcador de quilometragem do carro e aproveite a beleza do lugar, principalmente nos dias de sol.

Ao chegar, o encanto é imediato. Um portão da cor da vegetação se abre para uma escadinha que leva o visitante até o restaurante acolhedor, projetado pelo próprio Joe, há 15 anos. Nesse caminho, uma ponte pequena passa sobre o rio que banha a propriedade e abastece os seis tanques povoados de trutas. Luciana Aguirre, mulher de Joe e responsável pela cozinha, atende

os clientes e os leva até a melhor mesa. Dali, vê-se a dança dos peixes na água, bebe-se cerveja, toma-se conta das crianças, que logo se espalham pelo local rodeado de verde, e prova-se a entrada mais pedida: ceviche ou, se a dieta permitir, bolinhos crocantes de aipim com truta. Quem quiser, pode pedir para que seja colocada uma mesa do lado de fora. Mas o visual de dentro do restaurante já é inspirador.

Conhecido por ser um dos pioneiros na criação de trutas na Região Serrana, Joe é sinônimo de bom papo. Conta que há 25 anos começou seu trabalho depois de trazer ovas de Campos do Jordão. O negócio deu certo e algum tempo depois os clientes pediam pela degustação no local. Luciana começou a trabalhar na idéia e logo estava com um cardápio de dar água na boca, em que a maior estrela era a truta. Segundo ela, o chef Edgard Queiroz foi quem a iniciou na arte culinária. Hoje, até inventa pratos para quem não curte muito o peixe; pode ser uma omelete ou massa personalizada. Tudo para agradar a clientela.

Para quem não resiste ao sabor leve e suave de uma boa truta fresca, pode escolher uma das três versões disponíveis: assada com molho de amêndoas, de alcaparras ou na manteiga verde. Uma porção de batata sauté acompanha todos os pratos. Se preferir defumado, o peixe pode ser servido em temperatura ambiente ou com sementes de mostarda. Outra boa opção é a que utiliza um produto fresco, adquirido a poucos metros dali: truta com shiitake. O cogumelo é dourado no azeite e no alho, leva molho shoyu e vinho. O aroma toma conta do lugar.

Levar um pedacinho do Trutas do Rocio na bolsa é tarefa fácil. Luciana e Joe vendem os filés frescos ou defumados, congelados, além de cinco pratos do restaurante prontos para ir ao microondas. O lugar recebe bem até 25 pessoas e abre aos sábados, domingos e feriados. Nos outros dias, é necessário fazer reserva.

Shiitake Imperial

Os cogumelos que perfumam e dão sabor a um dos pratos mais interessantes servidos no Trutas do Rocio são os maiores produzidos no Brasil. São cultivados a poucos metros dali pelo casal Isabel de Oliveira Castro e Ricardo Fernandes, que fez da propriedade o lugar ideal para a cultura de shiitakes, shimejis e cardoncellos. A casa, que chama a atenção pela beleza, é espaçosa e faz lembrar os edifícios das fazendas do século passado. Essa atmosfera é confirmada pelos sofás confortáveis e móveis antigos, que fazem da sala uma espécie de antiquário, na qual a maioria dos visitantes é recebida. O verde da área de preservação ambiental abraça as instalações em que os cogumelos são criados.

Pioneiros, no Estado do Rio, na produção de shiitake em substrato, o casal possui no banco de linhagens 22 espécies de shiitake e quatro de shimeji de diversos tamanhos e para diferentes temperaturas. A cultura começou em 1996, quando ambos voltaram

de uma temporada em Rondônia, onde trabalhavam para uma multinacional, e resolveram adotar o Rocio como opção de vida. A idéia dos cogumelos surgiu quando Isabel notou o potencial da propriedade de 250 mil metros quadrados para esse cultivo, além de o clima proporcionar baixas temperaturas – registram-se 13°C no verão e 2°C no inverno. O Rocio já tinha uma plantação de eucaliptos que produzia naturalmente os fungos comestíveis.

"Depois de analisar as condições, começamos com a cultura do shiitake em toras de eucalipto e logo observamos a necessidade de maior produção e, principalmente, de regularidade no fornecimento aos nossos clientes. Assim, iniciamos a produção de shiitakes em meio axênico ou em substrato", explicou a proprietária.

Hoje, com o investimento em saber, tecnologia e equipamentos, o Shiitake Imperial produz cerca de seiscentos quilos de cogumelos por mês e tem seis autoclaves, caldeira de quatrocentos quilos de vapor/hora e vaso de pressão para cozimento de trigo em larga escala. Tudo pode ser visitado pelo turista mediante consulta ao casal. Além do Trutas do Rocio, o casal abastece os melhores restaurantes da cidade do Rio.

No segundo semestre de 2006, o casal Isabel e Ricardo abriu no local o Funghi d'Oro, restaurante que surgiu da idéia de se montar um espaço em que pudessem apresentar os seus cogumelos em saborosas receitas, "tirando o melhor de cada um deles". Segundo os proprietários, "o cardápio é uma combinação das cozinhas francesa e italiana, tendo como base pratos com cogumelos, carne de caças, frutos do mar e massas artesanais". Há, ainda, uma carta de vinhos com mais de cinqüenta rótulos, entre espumantes, brancos, tintos e de sobremesa.

Há informações sobre cada cogumelo e como devem ser preparados. Ricardo adora cozinhar e colocou no *site* suas receitas preferidas. É um aficionado de cardoncello, que, em sua opinião, é o mais saboroso entre os que produz. O cogumelo de origem italiana é o melhor acompanhamento para frutos do mar e vai bem em uma paella ou risoto. O shiitake é polivalente, combina com qualquer prato. O produtor sugere prepará-lo da forma mais simples: com alho refogado na manteiga ou óleo extravirgem. É uma delícia que está na moda, como entrada, nos cardápios dos grandes restaurantes. Já o shimeji adquire o sabor do prato que acompanha. Por isso, é indicado, por exemplo, para receitas como o camarão ensopado.

Os cogumelos foram inseridos na alimentação do brasileiro há pouco tempo, tendo mais visibilidade nas regiões em que prevalecem núcleos de imigrantes asiáticos. Entre as espécies mais populares estão o Agaricus bisporus *(o cogumelo-de-paris), o* Lentinus edodis *(shiitake) e o* Pleurotus ostreatus *(shimeji).*

Conhecido como "elixir da vida", o shiitake tem propriedades que podem ser utilizadas no combate a numerosas doenças, além de ser considerado afrodisíaco. É um alimento rico em proteínas, fibras e aminoácidos essenciais e contém as vitaminas B, C, D e E, além de cálcio, fósforo, ferro e potássio.

O Pleurotus eryingii*, o cardoncello, é um dos cogumelos menos conhecidos. Na Itália está concentrada a maior produção natural e cultivada no mundo. O cogumelo fresco é robusto e carnudo, contém proteínas, os principais aminoácidos e um bom nível de vitaminas.*

São José do Vale do Rio Preto

Clube de Pesca 3 Vales

Iscas de peixe

Um local para toda a família. Assim pode ser definido o Clube de Pesca e Pousada 3 Vales, um recanto de tranqüilidade que encanta os visitantes, principalmente as crianças. Na propriedade, situada no município de São José do Vale do Rio Preto, a uns dez quilômetros do Centro do distrito da Posse, é possível divertir-se com várias opções de lazer. O visitante pode comer bem, em um simpático restaurante pilotado pelas irmãs Adriana e Beatriz Rezende Costa, além de poder passar a noite em um dos chalés disponíveis.

Inicialmente, a sensação é de que a distância talvez não valha a pena. Ledo engano. O caminho é longo, mas sempre acompanhado por um rio que dá graça e vida à paisagem. Bem sinalizado, o turista vai se encantar, durante a viagem, com as montanhas que estão nos dois lados da pista. Logo na chegada, vários pingos-de-ouro rodeiam um passeio de pedras, que leva até o lago principal. Sim, porque a propriedade de 140 alqueires tem 18 lagos, com três deles destinados à visitação.

Às margens de cada um, pode-se pegar sol e pescar diversas espécies de peixes, como tilápia, pacu, matrinxã, dourado, piauçu, piracanjuba, pintado, cat-fish, black bass e carpa-capim. Sombreados e rodeados por cadeiras e mesas, têm serviço de bar para quem quiser curtir o dia bebendo uma cervejinha, diversão e tranqüilidade garantidas. Os peixes pescados podem ser limpos, embalados e armazenados no freezer o tempo necessário, até que o pescador de plantão resolva se despedir da área. Ou, se preferir, pode ser preparado na hora, com limão e molho tártaro, como um petisco para abrir o apetite.

Mais tarde, o almoço pode ser saboreado no restaurante que fica ali em frente. De madeira e bambu, tem um deque sobre o lago. Na decoração, bromélias, bananeiras, espadas-de-são-jorge e coqueirinhos. Uma pequena sala de jogos, enfeitada com um imenso aquário, é um convite ao descanso. No cardápio à la carte, tem de tudo, mas a especialidade da casa são mesmo as tilápias. Entre as opções, a mais pedida é a servida com batatas sauté e arroz de brócolis. As saladas têm itens que saem diretamente da horta orgânica, mantida pelas irmãs sócias.

O Clube de Pesca está aberto para hóspedes, mas também para quem vai somente passar o dia, pescar e/ou almoçar. Ainda é possível fazer trilhas, conhecer cachoeiras, andar a cavalo ou usar a piscina. Para as crianças, há um parquinho.

No caso de querer esticar, o local dispõe de pousada com oito apartamentos, distribuídos em três aconchegantes chalés. Todos equipados com TV, frigobar e ventilador de teto.

Teresópolis: bom clima, boa comida, bela cidade

Fundada em 1891, em homenagem a Teresa Cristina, esposa de D. Pedro II, Teresópolis é uma ótima opção para quem busca um contato maior com a natureza e com os prazeres da boa mesa. A "Cidade de Teresa", ou simplesmente Terê, está no coração do Parque Nacional da Serra dos Órgãos, que se espalha também pelos municípios de Petrópolis, Guapimirim e Magé. O Dedo de Deus, com 1.657 metros de altitude, é um dos cartões-postais dessa região. No parque, o visitante pode fazer trilhas e escaladas, banhar-se em cachoeiras e em piscinas de água natural e, ainda, deslumbrar-se com vistas belíssimas.

A cem quilômetros do Rio, a cidade também ficou conhecida pelo potencial na produção agrícola de hortaliças e verduras. Sozinha, responde por cerca de 90% da demanda do Rio por esses produtos. A maior parte das plantações está na RJ-130, estrada que liga a cidade a Nova Friburgo. A concentração de fazendas, restaurantes e hotéis ao longo da via foi responsável pela criação do Circuito Turístico Terê-Fri.

Teresópolis reúne também boas condições para o desenvolvimento da piscicultura. Clima ameno e água cristalina em abundância são algumas delas.

Dona Irene

Prepare-se para um banquete que pode durar até três horas, inspirado nos tempos dos czares russos. São várias entradas frias (arenque e marinado de repolho roxo, por exemplo) e outras tantas entradas quentes (como o borche – sopa de beterraba – ou o piroski – pastel de carne). Para o principal, os mais pedidos são o famoso frango à Kiev, o pojarski (espécie de almôndega de frango) e o filé estrogonofe.

A boa dica é deixar espaço para a sobremesa, que tem no menu uma variedade de doces fantásticos, mais tortas e compotas. Antes de tudo, porém, para abrir o apetite ou para acompanhar a refeição, uma sugestão: a deliciosa vodca artesanal, feita na casa.

Prepare-se para o deleite, pois você está no melhor restaurante de culinária russa do Brasil, o Dona Irene.

A antiga proprietária, que deu nome ao local, já faleceu. Hoje, quem está à frente da cozinha é dona Maria Emília, que faz parte da história do restaurante e aprendeu tudo com dona Irene. A história começou em 1966, quando a russa Irina e o marido vieram para o Brasil, fugindo do regime stalinista. Foram parar em Teresópolis, numa casa modesta. Ao lado, José Hisbello Campos e a mulher, Maria Emília, tinham uma casa de veraneio. O engenheiro Hisbello era da Marinha Mercante e estava estudando russo.

Conversa vai, conversa vem, descobriu-se que dona Irina era uma cozinheira de mão-cheia e sabia tudo sobre a culinária russa. Então Hisbello combinou com Irina que traria uns amigos do Rio para experimentar os pratos sensacionais. Pronto, foi o bastante para ele incentivar e, principalmente, ajudar Irina a abrir um restaurante. Daí o surgimento do restaurante, que se tornou referência nacional em culinária russa.

A fama foi passando de boca em boca e o restaurante mudou algumas vezes de endereço, até chegar à majestosa casa do bairro de Bom Retiro, onde hoje está. Durante anos, Hisbello e Maria Emília foram sócios de Irina. Elas tornaram-se grandes amigas e companheiras de negócio. Com a morte de dona Irina, há seis anos, Maria Emília tornou-se a sucessora natural do prestígio culinário.

O estrogonofe, Dona Irene

O Dona Irene localiza-se no Centro de Teresópolis, na avenida principal da cidade. Para chegar lá, basta pegar a Rua Tenente Luiz Meirelles, na direção do Bom Retiro.

O estrogonofe de dona Irene

Antes de tudo, o filé-mignon, cortado em tiras, é marinado no conhaque (tem que ser o francês Remy Martin) durante quatro horas, na geladeira. Então, vamos ao fogão: em uma frigideira funda, refogar cebola picadinha com pouco óleo. Acrescentar um buquê de ervas, para perfumar. Em seguida, a carne é refogada e flambada com conhaque (Remy Martin, não esqueça!). Mexer os ingredientes na frigideira. Agora é a vez dos cogumelos (previamente cozidos no vapor e curtidos no vinho branco). Acrescentar o creme de leite azedo. Depois, salpicar salsinha ou cebolinha picadinha. Dona Maria Emília ensina um segredinho: ela compra a carne fresca, congela por 24 horas, descongela e, aí sim, está pronta para usar.

Caldo de Piranha

Restaurante para experimentar deliciosos peixes. Antes conhecido como Caldo e Cia., rendeu-se à fama da iguaria mais procurada e trocou de nome. Inaugurado em 1994 e localizado em uma ruazinha

simpática do bairro de Agriões, tem como especialidade um caldinho servido numa tigela de barro, feito com carne de piranha. O sabor é tão surpreendente que correu mundo e hoje é impossível almoçar no lugar aos domingos sem enfrentar uma fila de pessoas em busca de mesas disponíveis.

A delícia, segundo reza a lenda, ganhou alguns toques especiais do sócio pescador, senhor Ernani, que sempre supervisionou tudo pessoalmente, com o maior rigor. Com o aumento da demanda, o cardápio ganhou outras opções igualmente deliciosas, feitas ou não com peixes da região, e o restaurante, então, teve que ser ampliado. Na verdade, continua pequeno, como já se sabe, mas o atendimento e a comida são dignos de elogios.

O caldo de piranha é a estrela da casa, mas vale destacar ainda os pasteizinhos de camarão, que abrem qualquer refeição com louvor. Como prato principal, há sugestões para todos os gostos, desde o polvo à portuguesa, passando pelo espaguete de frutos do mar e pela moqueca de cherne até a caldeirada à valenciana. O escondidinho de camarão é de "comer rezando". Os garçons ainda sugerem cerveja gelada para acompanhar o prato.

Para chegar lá é fácil: no Centro de Teresópolis, pegar a rua principal até o bairro Agriões. A rua é superconhecida e fácil de ser encontrada.

Terê–Fri, a estrada charmosa, bonita e gostosa

Quem faz o percurso de 68 quilômetros da estrada que liga Teresópolis a Friburgo tem a oportunidade de conhecer uma quantidade considerável de lugares maravilhosos para se divertir, comer e descansar. Com ótimas instalações e belas paisagens, que se estendem ao longo do caminho, a RJ-130 – mais conhecida como Terê–Fri – ganhou *status* de circuito gastronômico e atrai cada vez mais turistas para a região.

As atrações variam desde criações de trutas, como a Truticultura Luiza, a produções de queijos e mel, encontradas na Queijaria Suíça e no Apiário Amigos da Terra. O grande destaque da região são as plantações de orgânicos, entre elas a mais conhecida: Vale das Palmeiras. O ideal é não ter pressa para conhecer cada lugar.

Capril Colina

Propriedade de Darcy Hartley, o Capril Colina é uma boa opção para a compra de leite de cabra e derivados. Em função dos valores nutricionais, o produto é mais recomendado do que o leite de vaca: contém 6% a mais de cálcio, 86% a mais de vitamina A, 51% a mais de vitamina B, 17% a mais de ferro e de fósforo e tem 20% a menos de colesterol. Além disso, apresenta a mesma quantidade de proteína. Numa viagem pela Terê–Fri, vale uma visita ao local para conhecer os produtos e os animais.

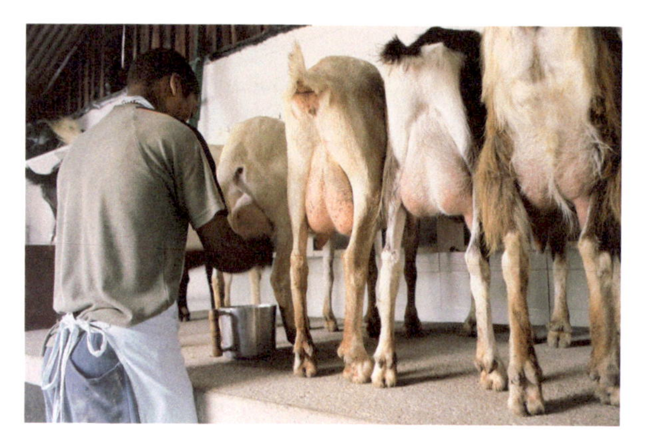

O sítio abriga oitenta cabras, das raças toggenburg, de origem canadense, malhadas de marrom e branco, e saanen, de origem francesa, brancas. Delas vêm os produtos expostos na loja própria, que fica logo na entrada do sítio. Se tiver tempo, assista à ordenha das cabras, realizadas duas vezes por dia, às 7h e às 17h. Acostumadas com a rotina, basta abrir a porta da baia que elas seguem organizadas em fila, porém muito apressadas, para a sala de ordenha. Cada uma rende, em média, quatro litros por dia. Após a ordenha, voltam sozinhas para as respectivas baias e dão lugar a um novo grupo. É uma atração para crianças e adultos.

Com o leite tirado das cabras, são produzidos os queijos frescal, ricota e feta (de origem grega), os iogurtes – mais encorpados do que os feitos com leite de vaca – e o doce de leite, que leva mais açúcar que o normal. Todos os produtos também podem ser encontrados em delicatéssens e lojas especializadas do Rio de Janeiro e de Niterói.

Fazenda Genève

Outro grande criador de cabras da região é a fazenda Crèmerie Genève, situada no km 16 da Terê–Fri. O programa é para toda a família: além de comprar queijos e comer bem no restaurante, é possível fazer um *tour* pela propriedade, enquanto as crianças se divertem com os filhotes. A criação conta com 320 animais, que produzem 220 litros de leite por dia. Toda a produção é transformada em 12 tipos de queijos, entre eles o crottin e o chevrotin.

O modelo da fazenda de caprinos surgiu quando o casal Reinaldo e Rose Pires – ele, formado em Zootecnia, e ela, em

Veterinária – foi à França, em 1993, estagiar numa criação local. Na época, já criavam cabras e perceberam que aquela estrutura era a ideal. O sucesso da produção pode ser visto no passeio feito pela propriedade, que inclui o capril e a sala de maturação dos queijos. Chefs famosos, como Olivier Cozan e Claude Troisgros, são alguns dos clientes ilustres do local, que tem também uma loja própria, na qual podem ser comprados os produtos fabricados ali.

A fazenda conta ainda com uma horta orgânica e um restaurante especializado em culinária francesa. No cardápio estão pratos como turnedô com alecrim e camembert e peito de pato com molho de cassis – o último apontado pelo chef e proprietário, Reinaldo Pires, como um dos mais requisitados. Da horta, saem as folhas para o preparo das saladas. Uma das recomendadas é a salada com queijo de cabra crottin derretido no pão, nozes e alface. No subsolo, está a adega em que o visitante pode escolher o vinho que mais lhe agrada, entre italianos, argentinos, chilenos, brasileiros e franceses.

O restaurante abre de sexta a domingo e feriados, para almoço e jantar. Podem ser feitas reservas. O capril e a loja estão abertos diariamente, das 9h às 17h.

Truticultura Luiza

Numa região reconhecida pelo potencial de produção de hortaliças, a Truticultura Luiza é uma bela opção para a família que quer se divertir. No local simples e rústico, o administrador de empresas Luís Roberto Teixeira Soares mantém nove tanques para a produção do peixe em água cristalina e ainda criou um lago para atender aos que gostam de uma boa pescaria.

A idéia surgiu em função da paixão que Luís Roberto tem pela pesca. Segundo ele, tudo começou em 1984, quando fez um curso de piscicultura e conheceu um professor que o inseriu nesse mundo. Daí, não parou mais. Dez anos depois, comprou o sítio onde, hoje, funciona a Luiza. No local, são abatidos setecentos quilos de trutas por mês, que abastecem o mercado da cidade. A demanda é tão grande que ele resolveu ampliar sua estrutura, com uma área nova para abate e outra para a criação, com um moderno sistema de circulação de água.

Para quem quer curtir uma tarde no local, o produtor montou um pequeno bar em frente ao lago, onde os peixes podem ser preparados. O preço é razoável, R$ 10,00 o quilo, para quem quiser levar para casa. Para fritar ou grelhar as trutas no local, paga-se mais R$ 1,50. O peixe pode ser servido com arroz, fritas e salada. Quem quiser, ainda pode optar por regar essas delícias com molho de alcaparras, amêndoas ou champignon.

Vale das Palmeiras

A harmonia entre o cultivo de legumes, hortaliças, frutas e a criação de diversos animais é o que mais chama a atenção na Fazenda Vale das Palmeiras. Propriedade do ator Marcos Palmeira, o local, com duzentos hectares, tem uma produção "agroecológica orgânica auto-sustentável", nas palavras do administrador e engenheiro agrônomo Aly Ndiaye. A plantação de alfaces, espinafres, agriões, brócolis, rúculas, couves, cenouras, beterrabas, acerolas, bananas, limões e outras espécies convive pacificamente com os bichos no dia-a-dia.

Galinhas caipiras são alimentadas com o milho produzido no local e catam os carrapatos das vacas. Estas comem as folhas orgânicas e produzem o leite, utilizado na produção de queijos e ricotas. O soro que sobra é refeição para os porcos. Perus e cavalos também participam desse universo e são criados soltos. Um mecanismo bem interessante de respeito à natureza, que vale a pena ser conhecido.

De acordo com Ndiaye, todo o cenário faz parte do sonho de Marcos Palmeira, iniciado em 1999: ter uma fazenda para plantar. A opção pela agricultura orgânica foi feita graças aos funcionários, que não comiam o que plantavam na fazenda, em função dos agrotóxicos. Hoje, a realidade é outra: os trinta empregados têm, à disposição, até um refeitório em que a comida servida é o que se produz no local.

Para garantir a qualidade de cada um dos produtos, toda a cadeia de produção ganha corpo na própria fazenda. Desde as mudas até a embalagem, tudo é feito ali. A entrega também é feita por eles seis vezes por semana, o que garante ao consumidor um produto sempre fresco. Quem quiser provar as delícias que eles produzem, a rede de supermercados Zona Sul tem um contrato de exclusividade com a fazenda.

Para visitar o local, é necessário consultar o administrador, já que o vale ainda não é aberto à visitação. Para encontrar o endereço, não há dificuldade. A fazenda fica em Venda Nova, vilarejo que pode ser acessado pela Estrada Terê-Fri. É pequeno e charmoso, como aqueles do interior do Brasil. Na dúvida, lembre-se de perguntar pelo nome do proprietário famoso: é infalível.

Queijaria Suíça

A Queijaria Escola Suíça é o local perfeito para quem não faz dieta. Situada no km 49 da Terê-Fri, fabrica 18 queijos com leite de vaca, cinco com o de cabra e ainda vende leite em pó. Entre os queijos, a especialidade é o moleson, de sabor forte. Além disso, produz chocolates e dispõe de uma loja ampla para a venda de produtos, bem como um restaurante especializado em racletes. Inaugurado em 1987, funciona diariamente. O melhor horário para a visita é pela manhã, quando o leite chega, e observa-se todo o movimento da fabricação.

É interessante fazer o *tour* pela queijaria. Na área de queijos, vêem-se as câmaras de salga e de maturação, nas quais o queijo adquire um sabor mais picante. O parmesão suíço chamado de sbrinz fica de seis meses a um ano nas prateleiras de madeira para perder o soro e criar a casca. O moleson é uma homenagem à Suíça e leva o nome da maior montanha do país. Pode ser feito com leite de vaca ou de cabra, é maturado por sessenta dias e é bem macio.

Na chocolateria, a produção é artesanal e os funcionários foram treinados pela Nestlé. O processo pode ser acompanhado de perto, através dos vidros. O chocolate é derretido em banho-maria e colocado no mármore para a temperagem, que é o segredo para que fique macio e brilhoso. Depois é batido – tudo na mão. Entre as especialidades, estão as trufas de vários sabores.

Quem quiser, pode fazer cursos práticos de produção de chocolates ou de queijos. Neles, aprende-se a fazer minas frescal, ricota, manteiga e requeijão, ou a fazer barras, trufas, bombons recheados e fondues. No restaurante Chalet Heidi, o que foi visto apenas através dos vidros ganha formas no prato: são servidos pratos à base de queijos, como fondue, e sobremesas de chocolate. A degustação dos produtos que serão adquiridos pelos visitantes é feita na loja da queijaria.

Além do potencial gastronômico, a Queijaria Suíça aposta também em cultura. Para isso, foi construído um museu que conta a história de Nova Friburgo. Nele podem ser observados uma réplica de um quarto de uma fazenda do século XVI do cantão de Vaud, na Suíça, e de um dos navios que trouxe os imigrantes para a cidade. Ainda é possível ter acesso a um computador, no qual o turista pesquisa a história de cada um dos sobrenomes que desembarcaram por aqui.

A Queijaria Suíça foi fundada pelos colonos suíços em agosto de 1987, com o objetivo de difundir a bacia leiteira da região. É uma instituição filantrópica, sem fins lucrativos, administrada por uma associação suíça e por diretores no Brasil. O lucro com a venda dos queijos é todo revertido na queijaria.

Apiário Amigos da Terra

Boa parte do mel que adoça a boca de milhares de pessoas nas cidades do Rio de Janeiro e de Nova Friburgo é produzida pelo Apiário Amigos da Terra, um belíssimo recanto cercado pela Mata Atlântica na Região Serrana. O apiário foi criado em 1986, em Nova Friburgo, pelo casal Clarice Líbano e Luís Moraes, que se conheceu na universidade e lá teve o primeiro contato com as propriedades do mel. Clarice cursava Biologia e Luís, Veterinária. Ambos, na época, já viam o potencial do mel como alimento nutritivo.

Rico em flavonóides, grupo de compostos químicos com funções nutricionais antioxidantes e antiinflamatórias, o mel é uma substância natural que tem inúmeras aplicações medicinais, além de ser, claro, uma rica fonte de energia em forma de carboidratos e glicídios. Segundo Clarice, o principal atrativo do mel é ser um produto totalmente natural, livre de qualquer agente químico externo. O mel sempre teve sua imagem associada a uma substância "pura", "especial" – um alimento com uma aura de nobreza. Na Grécia antiga, as moedas tinham, como símbolo de riqueza, uma abelha estampada em um dos lados.

A idéia de transformar o mel em um produto comercial surgiu quando o casal adquiriu uma área na Estrada Teresópolis-Friburgo. Depois de produzir os primeiros favos, a fabricação não parou mais. O apiário abriga a fábrica, a loja, um bonito lago e o primeiro ecomuseu apícola da região - o Jardim da Belinha, onde você pode realizar um passeio cultural para conhecer um pouco da história das abelhas e do mel. O circuito pelo museu dura, em média, trinta minutos.

O apiário tem como diferencial a produção de rainhas selecionadas geneticamente e também oferece consultoria técnica para empresas. Todos os produtos têm qualidade garantida pelo Ministério da Agricultura. Com mais de 25 anos de experiência no manejo do mel, o casal produz cerca de uma tonelada por ano, em quatro florações diferentes: laranjeira, eucalipto, assa-peixe e silvestre. Além de fornecê-los para lojas em Nova Friburgo e no Rio de Janeiro, o Amigos da Terra exporta seus produtos para o Japão, um país que aprecia e reconhece as propriedades medicinais do mel.

A grande vantagem do mel, segundo a proprietária, é sua regularidade na produção, ao longo de todo o ano. Mas, para isso acontecer, é necessário um processo trabalhoso. A criação de abelhas é dividida em famílias, que chegam a ter noventa mil operárias. Uma família só consegue produzir durante dois meses em um determinado local. Para atender à demanda, é preciso realizar o processo de migração: são duas ou três por ano, para que a produção não seja interrompida.

Além da criação, o Amigos da Terra oferece cursos de apicultura para turmas de no máximo dez pessoas, mediante agendamento prévio com os proprietários. Na loja que funciona no local, podem ser comprados potes de mel das quatro florações, pão de mel, bombons e balas - tudo feito à base do "manjar dos deuses", como também é conhecido o produto vindo das abelhas.

Para dar conta de todo esse trabalho, o apiário tem uma ótima estrutura e uma equipe de dez funcionários, que se esforçam para atender, da melhor forma, os turistas que visitam o local. Abre todos os dias da semana e funciona das 9h às 17h. Para agendar oficinas e cursos, é preciso marcar com antecedência. O preço da visita ao museu é de R$ 3,00.

Clarice Líbano dá algumas dicas para usar cada tipo de mel. Segundo ela, o mel de eucalipto é mais escuro, com gosto forte e grande concentração de vitaminas. Ótimo para combater resfriado, bronquite, irritação da garganta, sinusite e tosse. É fonte de energia muito importante. O mel silvestre tem cor e gosto que podem variar, dependendo da diversidade das plantas que o originaram. Tem efeito sobre todo o organismo e é calmante e desintoxicante. É um excelente adoçante geral. Já o mel de laranjeira é quase sempre o mais claro e perfumado, bom para combater a insônia; indicado também para o tratamento do aparelho digestivo. Os médicos o recomendam graças às propriedades que agem sobre a flora intestinal. Ainda é o melhor para adoçar as refeições do dia-a-dia. Por último, o mel assa-peixe é indicado para queimaduras, picadas de inseto e doenças da pele.

As trutas e os queijos de Nova Friburgo

A primeira colônia suíça no Brasil foi estabelecida por decreto, em 1818. Naquela época, cerca de dois mil colonos suíços chegaram ao Rio de Janeiro e instalaram-se na Fazenda Morro Queimado, na Região Serrana, que passou a se chamar Nova Friburgo. O nome lembrava Fribourg, cidade de origem da maioria dos imigrantes. Cinco anos depois, somaram-se aos suíços mais de trezentos alemães. Estes, com sua personalidade marcante, deixaram fortes traços na cultura local. Em 1890, Nova Friburgo tornou-se cidade.

A 130 quilômetros do Rio de Janeiro, tem clima ameno (média de 18°C), é rodeada pelo verde da Mata Atlântica e, na entrada, um imenso corredor de hortênsias dá as boas-vindas aos visitantes. Atração turística é o que não falta. O passeio no teleférico já é tradição no roteiro da cidade. Comprar *lingerie* também deve ser incluído no passeio, afinal, Nova Friburgo é conhecida como a capital brasileira de moda íntima.

O município também é o segundo maior produtor de flores do país, e o solo, aliás, é favorável às mais diversas produções. O Sítio Cultivar é prova disso. Integrante do Circuito Ponte Branca, uma rota turística recém-criada, ele produz uma infinidade de hortaliças e verduras, sem agrotóxicos.

Nova Friburgo ainda é responsável por metade da produção de trutas do estado. Os dois maiores atores nesse processo são o Sítio Gaia e o Trutas Araribá.

Sítio Cultivar

A agricultura orgânica é uma tradição milenar. Desde o Egito antigo, encontram-se registros do uso de canela e manjericão, o que comprova a tendência de o homem aromatizar seus pratos já naquela época. Essa cultura, com o passar dos anos, difundiu-se em todo o mundo, mas, hoje em dia, poucas áreas de plantio são puramente orgânicas como eram no passado, ou seja, não utilizam nenhum tipo de agrotóxico e, conseqüentemente, preservam o meio ambiente.

Um desses locais que segue os preceitos da alimentação natural, livre de qualquer elemento químico, está localizado na cidade de Nova Friburgo. O nome desse paraíso para os amantes da vida saudável é Sítio Cultivar. Localizado numa área cercada por mata nativa e ainda preservada pelo homem, ele faz parte do Circuito Turístico da Ponte Branca, o primeiro circuito brasileiro a ser balizado pelo Ircod, instituto francês que incentiva o turismo rural.

Ao entrar no sítio, o visitante tem uma surpresa: é recebido por um lindo caminho de girassóis – a visão mais exuberante do lugar – que corta toda a extensa área de cultivo e leva até a casa dos proprietários, Jovelina e Luís Paulo Ribeiro, situada no alto do terreno. A simpatia com que dona Jô, assim carinhosamente chamada, recebe as pessoas interessadas em conhecer a produção deixa todos encantados.

Ex-funcionária do Instituto Brasileiro de Geografia e Estatística (IBGE), Jô resolveu, em 1991, deixar a vida conturbada da cidade grande e começar a plantar produtos orgânicos. Hoje, tem mais de quarenta variedades de orgânicos plantadas em boa parte dos 48 hectares da área. A gama de produtos é grande e vai desde tomates, cenouras, cebolas e beterrabas a rúculas, salsas, alfaces e brócolis.

Num rápido passeio pela propriedade, ela conta histórias e faz recomendações de como cultivar hortaliças e legumes. Um fato curioso, contado por Jô, é que alguns deles demoram apenas 15 dias para estar prontos para o consumo, como é o caso da rúcula. Outros levam seis meses, como o tomate, a cebola e o alho. O grande diferencial do sítio – nisso reserva-se a curtição em visitá-lo – é o fato de dona Jô tratar o lugar como uma escola de educação ambiental ao ar livre.

O projeto Cuidando do Planeta Terra, iniciado em outubro de 2005, ensina crianças e jovens a cuidar do meio ambiente mediante passeios pedagógicos pelo sítio. Logo na entrada, dona Jô construiu o que chamou de "labirinto dos orgânicos", em que os visitantes acompanham passo a passo as etapas de crescimento de vários produtos e no qual podem até colher as plantinhas. Com isso, ela pretende fazer com que as pessoas conheçam melhor como funciona um processo de plantação de legumes e verduras. "Muitas crianças vêm aqui e ficam maravilhadas com a riqueza de cores, formas e sabores. Algumas chegam a ficar com os olhos

Jovelina e Luis Paulo

brilhando quando conseguem colher um nabo, uma cenoura. É gratificante ver isso", diz Jovelina, que produz cerca de seis mil unidades de orgânicos por mês.

O programa é realizado em conjunto com outras zonas de produção da região e prevê um roteiro ecoeducacional com duração de dois dias. Nesse período, os jovens participam de oficinas de artesanato, aulas de ioga, conhecem produções de leite e têm noções sobre como cuidar das plantações e do meio ambiente.

O Cultivar é um lugar maravilhoso para qualquer visitante que esteja interessado em entrar em contato com a natureza ou com o cultivo saudável, além de passar um bom tempo numa das mais bonitas regiões do estado. O visitante tem a certeza de que é possível preservar e, ainda assim, colher bons frutos.

O Sítio Cultivar está a 12 quilômetros de distância do Centro de Nova Friburgo, indo pela Estrada Braunes em direção a Vargem Alta. São cinco quilômetros de estrada de chão, que está em boas condições.

Trutas Araribá

Subir a serra já é um programa interessante para quem gosta de fugir do corre-corre da cidade grande. Se a pessoa aprecia o contato com a natureza, então, nem se fala. No caminho para Nova Friburgo, não poderia ser diferente. Quem vai para essa cidade serrana, porém, tem uma surpresa ainda mais gratificante. Antes da entrada para Lumiar, chega-se a Mury, um lugarejo bem simpático, que recebe os turistas de braços abertos. Os irmãos Evandro, Adriano e Leandro Costa Pinho abriram, em 2004, o restaurante Truta & Boa Cia., uma bela pedida para a hora do almoço. O restaurante oferece diferentes pratos à base de truta, defumada ou fresca, uma dasw iguarias mais consumidas da região.

Especializado em trutas, como o próprio nome sugere, o lugar tem clima familiar e atmosfera aconchegante. Com uma arquitetura rústica, foi reformado pelos sócios, com a ajuda da mãe, dona Cecília. Nas janelas, flores da fortuna coloridas enfeitam o ambiente, cercado de grama e plantas ornamentais. Todo construído em madeira, o restaurante tem uma clarabóia imensa que garante a iluminação natural do lugar. Muito bonito.

No cardápio, também há o toque mágico da matriarca da família Costa Pinho. Não há detalhe que passe longe dos olhos e das mãos dela. Como uma verdadeira chef, coordena as cozinheiras para que todas as refeições sejam servidas com a melhor qualidade. O diferencial: os peixes são provenientes do criatório da família. "As pessoas vêm de outras cidades para almoçar conosco porque sabem que nós mesmos criamos nossos peixes", diz Evandro.

O sucesso é tanto que não há reservas aos domingos - os desavisados que chegam mais tarde devem esperar em uma fila na porta. Mas o tempo de espera é logo esquecido, pois a comida é saborosíssima. A especialidade da casa é o filé de truta com batata rosti, que tem na preparação artesanal da batata um toque especial. Coisas de dona Cecília. Se preferir, o cliente pode substituir a batata por salada de maçã com nozes, outra boa pedida. Os molhos também valem a pena: alcaparras, amêndoas e champignons.

Caso opte por uma alternativa diferente, o restaurante tem um cardápio bem variado, oferecendo também a possibilidade de o prato ser montado de acordo com o gosto do cliente. Patos, escargôs e carpaccios também são servidos, assim como pratos infantis. Como sobremesa, camembert com cobertura de geléia de amora derretida, uma delícia que vai agradar a todos os paladares.

Há cinco anos, Evandro Costa Pinho abandonou o escritório de advocacia na cidade do Rio de Janeiro para começar a criação de trutas em Nova Friburgo. Ele e os irmãos compraram as instalações de um antigo trutário local e, aos poucos, começaram a investir no negócio. O Trutas Araribá, nome da criação, é um dos maiores de Nova Friburgo e fornece para hotéis, pousadas da Região Serrana e também para restaurantes da cidade do Rio de Janeiro. Por mês, o Araribá chega a produzir três toneladas. O trutário é composto por 24 tanques para criação e um laboratório de desova, concentrados em uma área de 66 alqueires, grande parte cercada por mata virgem.

Sítio Gaia

A idéia de criar trutas surgiu por acaso na vida de Marco Van Hombeeck, dono do Sítio Gaia, que, junto ao Trutas Araribá, concentra 80% da produção do peixe no município de Nova Friburgo. Ex-engenheiro da Petrobras, Marco comprou, em 1979, o sítio para passar os fins de semana. Numa dessas temporadas, percebeu que havia trutas no rio que corta a propriedade. A criação, porém, não começou de imediato. Só com o passar do tempo a vontade de criar trutas foi amadurecendo, até que ele e a mulher, Heloísa Machado Costa, perceberam que era viável manter um trutário.

Há 15 anos, o casal iniciou a produção com apenas dois tanques. Atualmente, é o maior de Nova Friburgo, chegando a produzir mais de três toneladas por mês em seus dez tanques. Com quatro funcionários que se revezam para obter o melhor peixe da região, o sítio distribui metade do que produz para a cidade do Rio de Janeiro, mas os restaurantes locais também recebem uma boa parte. São quatro os tipos de produtos comercializados pelo Gaia: o filé de truta (defumado ou não), truta in natura, truta defumada moída e patê de truta. No local é realizado todo o processo de produção, desde o abate, passando pela visceração e congelamento, até chegar à embalagem.

O que faz do Gaia um dos melhores locais para se produzir truta na região é a qualidade do ambiente natural que cerca a propriedade. Situada na nascente do Rio Macaé, no distrito de Macaé de Cima, numa área total de duzentos mil metros quadrados, utiliza uma água absolutamente limpa, própria para a criação de trutas.

Há seis anos, o casal mora em Nova Friburgo e acompanha de perto a produção. Além disso, Marco é o Presidente da Associação de Truticultores de Nova Friburgo (ATNF) e ministra aulas no *campus* da Universidade Estadual do Rio de Janeiro (Uerj), na própria cidade. Heloísa, que tem formação em Psicanálise, cuida exclusivamente da produção.

Laticínios Montanhês

Dar mamadeira a um cabritinho chamará a atenção das crianças durante uma visita ao Sítio Montanhês. Essa, porém, não é a única atração. Situado num vale em Nova Friburgo, é cercado por mata fechada, o que garante belas paisagens pelo caminho. No percurso, é possível encontrar ovelhas, patos e porquinhos-da-índia, além das grandes estrelas: as cabras. Vale a pena encarar a estrada de terra batida para chegar ao capril.

O Montanhês surgiu quando a proprietária, Eliana Braga, descobriu a cabra leiteira na Inglaterra. Interessou-se tanto que foi à França, onde a produção é bem maior. Em Cosne Sur Loire, região dos castelos, trabalhou numa fazenda, tirando leite das cabras e fazendo queijos. Esse *know-how* foi trazido para o Brasil em 1986, quando ela voltou com 22 animais – três bodes e 19 cabras – para começar a própria produção de queijos.

Hoje, no sítio, são criadas 55 cabras da raça saanen, de linhagens inglesa e francesa. Do leite delas são feitos queijos finos, como os de tipo boursin e crottin. É imperdível degustar, por

exemplo, o boursin com pimenta-da-jamaica, que tem um gosto forte e exótico, ou com semente de papoula e ervas finas, que suavizam o sabor do queijo. Já o crottin é um queijo de massa curada, com fungos. Ele tem dois formatos, redondo ou piramidal, e pode ser de leite de cabra puro ou demi-chevre, quando o leite de cabra é misturado ao leite de vaca na massa.

A degustação está incluída no almoço servido no restaurante do Montanhês. Entre as opções, cabrito ou truta, com arroz, batata gratinada e saladas orgânicas – todos produtos da região. De sobremesa, um doce caseiro. No Rio, os produtos do sítio são encontrados em diversos restaurantes, como o Garcia & Rodrigues, no Leblon.

O Laticínios Montanhês faz parte do Circuito Ponte Branca, que promove o turismo rural da região e inclui pousadas, produção de bromélias, cultivos de orgânicos, entre outros. Todos abertos à visitação.

Serrinha e Capelinha: truta e cachaça

Quem sai da Via Dutra em direção a Visconde de Mauá tem que passar pela entrada da Serrinha do Alambari, ou simplesmente Serrinha. Aproveite e entre. Fica a dez quilômetros da Dutra. Divisa com o Parque Nacional de Itatiaia, a Serrinha, cada vez mais, vem se consolidando como um agradável espaço de lazer e estância climática, dentro da Área de Proteção Ambiental. As águas límpidas e frias propiciam a criação de trutas.

É o que faz o casal de biólogos Wilson London e Gisele Costa, que em 1986 inaugurou, lá, o Trutas da Serrinha. O lugar é lindo, agradável, e Wilson faz questão de dar uma aula sobre

Casquinha de truta

a truta dourada. O visitante acompanha todo o processo de produção, desde a desova até chegar ao ponto de abate.

Depois da visita, dê uma paradinha básica na pequena loja que o casal mantém e comece a degustação pela deliciosa casquinha de truta, que nada mais é do que a truta cozida e desfiada, com leite de coco, dendê e coentro, tudo colocado em uma concha. Há também truta defumada, musses e patê de truta, além de um sofisticado caviar de truta, com as pequenas ovas do peixe, naturalmente. Se quiser levar para viagem, todos os produtos podem ser comprados congelados. Para acompanhar, a sugestão é a cachaça da região, a conhecida Capelinha.

Na Serrinha localiza-se um dos melhores restaurantes de cozinha alemã do Brasil, o Zur Sonne, instalado numa bela casa antiga. O atendimento é simples e informal, mas vale a pena experimentar a carne assada em vinho com repolho (sauerbraten) ou o prato conhecido como panela de pimenta (lombo de porco, pimenta-verde, cogumelos, vinho tinto, conhaque e chantili). No inverno, uma agradável lareira ajuda a esquentar o ambiente. A proprietária, Ilona Zicklir, é da cidade de Karlsruhe, na região da Alsácia, de onde ela trouxe as delícias do restaurante.

Na Capelinha, o Alambique Centenário

Saindo da Serrinha, no caminho de Mauá, vamos chegar facilmente à Capelinha. Fica no km 15 da estrada, no final do asfalto, início da estrada de terra. No passado, a Capelinha foi pouso das tropas que vinham de Mauá para Resende, com mercadorias para vender na cidade. A poucos metros da estrada principal, basta seguir as placas que indicam o mais famoso alambique da região, o Alambique Centenário, que produz a cachaça Capelinha.

Vale parar e conhecer o alambique de 140 anos, cuja produção é totalmente artesanal. Usa-se cana orgânica da plantação da família Menandro, que produz a famosa cachaça há muitos e muitos anos. Também a mandioca orgânica, usada na fermentação do caldo de cana, é da fazenda.

A pequena loja que vende as cachaças é um charme só: até parece um museu. Atrás do balcão, a simpática e graciosa

Lucinéia Dias, casada com um dos Menandro, leva o visitante para conhecer o alambique e explica tudo sobre a cachaça e seu processo de produção. Na loja-museu, os barris estão à espera do cliente para as devidas provas. Para facilitar, indicamos a mais famosa de todas, a pinga com mel. Segundo Lucinéia, é a que mais sai. A cachaça especial para caipirinha, com menos teor alcoólico, mas bastante aromática, também conquistou fãs.

Há cachaças fracas e outras muito fortes, com graduação alcoólica que varia de 37,5% a 55%. Estão todas nos diversos barris, algumas envelhecidas desde 1988. O visitante pode escolher a sua e pedir para engarrafar na hora. Um luxo!

Ainda há o restaurante Cozinha da Fazenda, que, aos sábados, serve uma bela feijoada e, aos domingos, leitoa à pururuca.

Visconde de Mauá, um aconchego só

De um lado, à direita de quem chega, a Vila de Mauá, Lote 10, Campo Alegre, Rio Preto, que pertencem ao município de Resende. Do outro, o esquerdo, Vale do Pavão, Maromba. Atravessando o Rio Preto, Maringá, Santa Clara, Alcantilado, Vale das Cruzes, Mirantão, já estamos em Minas Gerais. É uma região de rara beleza.

A melhor forma de chegar é pelo Rio de Janeiro, pegando a Via Dutra e (ai, meu Deus!) encarando aquela estrada de terra em que, há anos e anos, ninguém consegue dar jeito. Às vezes ela está razoável, às vezes, muito ruim. Boa, quase nunca. Mas, apesar disso, compensa o sacrifício.

Nas décadas de 1970 e 1980, Mauá era o paraíso de várias tribos – *hippies*, *rajnish*, *beatniks*, santo-daime, *hare krishna*, para citar algumas. No início da década de 1990, deu-se a explosão do turismo e da gastronomia. Situada a mais de mil metros de altitude, Mauá surpreende pela beleza das montanhas, o intenso verde, rios, cachoeiras e águas cristalinas. É um lugar de paz, de aconchego, de férias com a família ou para um fim de semana romântico, a dois.

Surpreende, ainda, pela rede hoteleira, que inclui hotéis e pousadas de alto padrão de qualidade e, principalmente, pela infra-estrutura gastronômica. Para se ter uma idéia, o melhor restaurante de comida mineira do Brasil, o Gosto com Gosto, fica em Mauá. Isso sem falar na produção de queijos e de mel, de alta qualidade; na criação de trutas, incluindo a famosa truta rosa, ou truta salmonada, e no bolo húngaro.

Leva-se tão a sério a gastronomia que eventos locais, como o Festival do Pinhão e o Concurso Gastronômico, já viraram atrações turísticas no Estado do Rio. Ambos levam chefs do Brasil inteiro a ministrar cursos e workshops, e julgar os pratos desenvolvidos à base de pinhão (o fruto da araucária, abundante no lugar) por restaurantes, hotéis e pousadas locais.

O festival e o concurso existem desde 1992 e são tocados por Mônica Rangel, proprietária, ao lado do marido José Cláudio, do Gosto com Gosto. O festival deu e está dando certo. Como também deu muito certo a iniciativa de abrir o Gosto com Gosto. Mônica, Zé Cláudio e os três filhos estão em Mauá desde 1991 e resolveram abrir o restaurante 11 anos depois. De lá para cá, é um sucesso só.

Não há como ir a Mauá e não passar no Gosto com Gosto. Comece a festa gastronômica pedindo uma cachacinha e o trio de lingüiças (porco, carneiro e frango), acompanhado de cebolas e bolinhos de mandioca. A cachaça você pode escolher entre as mais de cem marcas vendidas na lojinha do restaurante ou experimentar a da casa, produzida nas cidades de Perdões e Lavras, no Sul de Minas, e engarrafadas especialmente para o restaurante. Mas se quiser prestigiar o Estado do Rio, peça as excelentes Magnífica, de Miguel Pereira, ou a Rochinha, de Barra Mansa.

O Gosto com Gosto combina a cozinha mineira tradicional com criações da casa, como o mexidão da Zu (arroz, filé-mignon, lingüiça, feijão, bacon, ovo caipira e queijo parmesão) e o leitão assado ao molho de laranja com feijão-tropeiro e arroz. Há, é claro, os tradicionais: frango com ora-pró-nobis, frango ao molho pardo, costeleta, pernil e lombinho de porco, tutu de feijão etc.

Na sobremesa, perca-se à vontade na mesa dos mais variados doces, todos produzidos no restaurante: arroz-doce, doce de laranja-da-terra, de leite, de banana, de goiaba, de cidra e

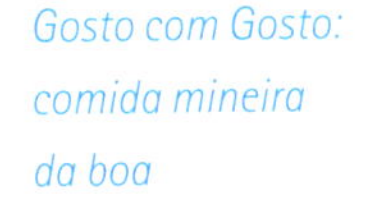

Gosto com Gosto: comida mineira da boa

O coelho premiado da Fazenda do Mel

o sensacional doce de casca de limão (limõezinhos cortados pela metade, aos quais se acrescentam doce de leite e, como ninguém é de ferro, uma fatia de queijo-de-minas).

Além das lingüiças e dos doces, lá mesmo são produzidos os temperos usados no restaurante, além das hortaliças orgânicas, queijo-de-minas frescal e pães. Muito de tudo isso pode ser levado para casa. Há uma lojinha com todos os produtos que eles fazem e vários outros da região, como queijos, trutas, licores, além de cachaças de várias procedências.

Por falar em comida mineira, vale uma visita ao Le Petit, de Sapo Carneiro e Miriam, ela, especialista em culinária de Minas Gerais. Recomenda-se o peito de boi assado com aipim na manteiga, o prato mais solicitado.

Outro restaurante com alto padrão de qualidade, considerado um dos melhores do Brasil, é o Rosmarinus Officinalis, cujo projeto nasceu das cabeças de três chefs paulistas. Um deles, Júlio Buschinelli, é quem toca o restaurante, localizado numa bela casa, em meio a um formoso terreno, dentro de um projeto paisagístico igualmente lindo. "Achávamos que deveria existir um restaurante, entre Rio e São Paulo, numa serra, que pudesse ser referência gastronômica, com uma comida de alta qualidade, num ambiente agradável. Escolhemos Visconde de Mauá e deu certo", explica Júlio.

Ele informa que o Rosmarinus não usa fritura em nada, cozinha praticamente tudo em fogão a lenha, lentamente, e não utiliza forno microondas. Usa, sempre que possível, produtos da região, como a truta salmonada. "Aqui", diz, "o conceito é cultura e sabor".

Um dos carros-chefe do restaurante é a truta Visconde de Mauá, grelhada com crosta de aveia e flocos, feita no forno. Acompanham purê de batata-baroa, molho de azedinha (planta característica da região) e capim-limão. O peixe, obviamente, é da região; segundo Júlio, "a truta salmonada de Mauá é a melhor do Brasil". Recomenda-se, ainda, truta salmonada com risoto de alecrim, pato com amora fresca, ossobuco de vitela com risoto de açafrão. Para a sobremesa, Júlio indica – e nós também – a compota de tomate (orgânico, de Brotas, São Paulo) com mascarpone ou o merengue de frutas vermelhas.

Além disso, algumas pousadas são verdadeiros centros gastronômicos, com restaurantes de alto padrão, como o Verde que te Quero Ver-te e a Fazenda do Mel, da chef Maria Olímpia, a Loly, três vezes vencedora do concurso gastronômico. Loly, que em 1986 trocou o Rio de Janeiro por Mauá, toca a pousada e o restaurante com a filha Jussara e o genro Fernando, mas só começou a levar a sério a culinária depois dos cinqüenta anos, tanto que acabou se profissionalizando.

Coelho, codorna, pato e pinhão são os carros-chefe do restaurante. Prove, entre outros, o prato vencedor do concurso de 2005: coelho ao molho madeira com pudim de pinhão, mel e alecrim. Prove também a codorna recheada. Caso se hospede na agradável pousada,

experimente o saboroso e farto café-da-manhã, em que praticamente tudo vem da própria fazenda: leite, manteiga, iogurte, queijo, pães, geléias, mel. O que não é produzido na fazenda vem da região. De fora mesmo, só o açúcar, desnecessário frente ao mel delicioso.

Para fazer o coelho vencedor do concurso gastronômico de 2005, Loly cozinha a carne desfiada, com tomilho e Vinho Madeira. O pudim de pinhão é feito com pinhão cozido e triturado, alecrim, nozes, mel e manteiga. Acompanham pinhões cozidos.

A truta rosa da Santa Clara

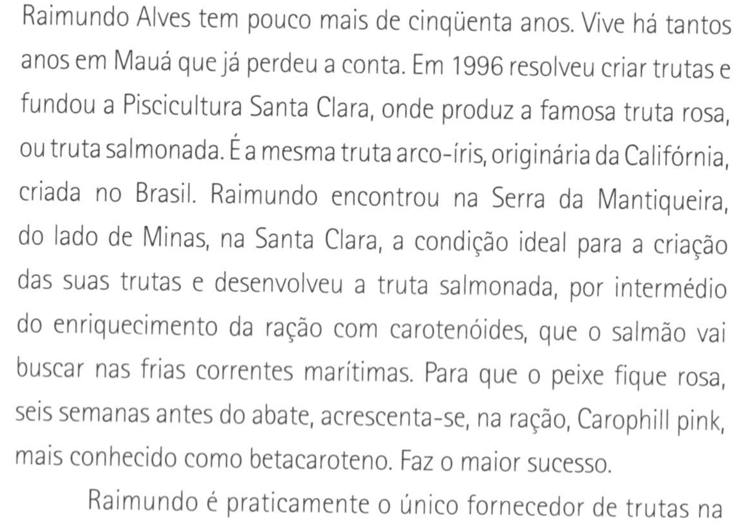

Raimundo Alves tem pouco mais de cinqüenta anos. Vive há tantos anos em Mauá que já perdeu a conta. Em 1996 resolveu criar trutas e fundou a Piscicultura Santa Clara, onde produz a famosa truta rosa, ou truta salmonada. É a mesma truta arco-íris, originária da Califórnia, criada no Brasil. Raimundo encontrou na Serra da Mantiqueira, do lado de Minas, na Santa Clara, a condição ideal para a criação das suas trutas e desenvolveu a truta salmonada, por intermédio do enriquecimento da ração com carotenóides, que o salmão vai buscar nas frias correntes marítimas. Para que o peixe fique rosa, seis semanas antes do abate, acrescenta-se, na ração, Carophill pink, mais conhecido como betacaroteno. Faz o maior sucesso.

Raimundo

Raimundo é praticamente o único fornecedor de trutas na região e só fornece para os restaurantes, pousadas e hotéis de Mauá. No seu trutário, aberto à visitação, mantém um restaurante com vários pratos, como o carpaccio e até sashimi de truta. No restaurante, o prato mais pedido é o yaki sakana. Trata-se de uma truta inteira assada na brasa, com cogumelos e molho teryaki (creme de shoyu). O visitante pode levar para casa produtos como filé de truta, congelado ou não, embalado a vácuo; filé de truta defumada, patê, alice de truta e truta escabeche.

Os queijos de Mauá

Queijos de cabra do Capril DeVille

A região de Visconde de Mauá é tradicional na produção de queijos, tanto de leite de vaca quanto de cabra. São vários os laticínios, artesanais ou não. Produz, diariamente, toneladas de queijos da mais alta qualidade.

Os de cabra são o destaque, a começar pelos produzidos no Capril DeVille, no longínquo e deslumbrante Vale da Prata, em Mirantão, no lado de Minas. Rômulo Capdeville trabalhou anos em publicidade. A mulher, Beatriz, é comissária de bordo da British Airways e vive entre a Europa, o Rio de Janeiro e Mirantão. Em 2001, decidiram comprar um sítio a 1.300 metros de altitude; em 2003, iniciaram a criação de cabras e a produção de queijos. Atualmente, o Capril DeVille produz quatro tipos de queijos de massa fresca: boursin com sementes de papoula, boursin com erva de Provence, chevre à l'huile com pimenta rosa e chevre à l'huile com ervas.

Chegar lá não é fácil, principalmente na época das chuvas, entre dezembro e março. Mas vale a pena o passeio, ver de perto

A produção do Capril Maluvi

o carinho e a dedicação com que Rômulo cuida de suas cabras e produz o queijo. Além disso, a paisagem é deslumbrante. Para quem quiser ir, o melhor mesmo é ligar para Rômulo e marcar a visita. Ou ele ensina como chegar ou vai até Mauá, no seu potente 4x4, buscar o visitante, que pode ver de perto a produção dos queijos e a ordenha das cabras, além de degustar os queijos, é claro.

Mais perto de Mauá, porém, no Vale do Pavão, fica o Sítio Paraná, onde funciona o Capril Maluvi, da bióloga e queijeira Giovanna e do engenheiro agrônomo Márcio. O casal produz queijos do tipo frescal, meia-cura e boursin, além de leite, iogurte, doce de leite e sabonete de leite de cabra, bem como geléias e mel. O visitante pode acompanhar a ordenha todos os dias, às 7h e às 16h. Ainda pode dar mamadeira aos cabritinhos. As crianças fazem uma festa. No mesmo lugar, o casal mantém uma pousada com três chalés.

Um queijo bem conhecido dos consumidores do Rio de Janeiro é o Pedra Selada, vendido em vários supermercados da cidade. Lá na Serra da Mantiqueira, o Laticínios Pedra Selada produz, desde 1987, vários tipos de queijo, desde o minas frescal, até o prato, passando pela ricota e outros mais. Embora se utilize a tecnologia das máquinas, tudo é feito de maneira artesanal. Vale uma visita à linha de produção. É muito interessante. O Pedra Selada processa diariamente trinta mil litros de leite da região, com os quais produz seis toneladas de queijo.

Outro queijo muito famoso em Mauá é o meia-cura do Valdir, um queijo prato tipo cobocó, produzido artesanalmente pelo lado do Rio Preto. Como a produção é pequena, nem sempre ele é encontrado. Em Mauá, é vendido na Casa da Amizade, de Chico Quirino, na Vila de Mauá, e no Dias & Dias, no Lote 10.

Também tem chocolate e bolo húngaro

Em Mauá também tem chocolate, e dos bons. Duas pequenas fábricas produzem guloseimas deliciosas. Ambas ficam em Maringá, no lado mineiro. A primeira, para quem chega em Maringá, é a Doce Lembrança, onde o visitante, além de comprar trufas, pão de mel, bombons, sinhá benta de marshmallow e outras delícias,

Doce Lembrança

pode acompanhar de perto a produção. A outra, um pouco acima, depois do Hotel Buhller, é a Casa de Chocolate, com a mesma variedade de produtos. Ambas disputam para ver quem faz o melhor pão de mel, referência do lugar. Só há um modo de saber: provando os dois.

Ainda no campo dos doces, outra marca registrada de Mauá é o bolo húngaro, presente nas mesas de vários restaurantes locais. Trata-se de uma delícia feita artesanalmente, há muitos anos, em Mauá. Leva nozes, castanha-do-pará, passas, canela, açúcar mascavo, manteiga, farinha de trigo, açúcar, ovos, óleo de milho e leite. Você pode visitar a produção e comprar o seu diretamente na pequena fábrica que fica no Lote 10, logo depois da Vila de Mauá.

Em Três Rios, goiabada com queijo

Vários restaurantes sofisticados do Rio de Janeiro e de Itaipava servem, como sobremesa, a goiabada. Não uma goiabada qualquer, mas a goiabada cascão, molinha, da Thereza Quintella, que faz grande sucesso. Thereza e o marido, Altino, produzem, desde 1996, na Fazenda Caieira, cerca de uma tonelada de doces por mês, sendo 90% da famosa goiabada. Os outros são de leite, manga, pêssego e banana, todos feitos, pacientemente, em tachos de cobre sobre fogo a lenha. Há que se ter paciência, mexendo, mexendo, até chegar ao ponto certo. Qualquer um dos doces leva, pelo menos, uma hora no fogo até ficar pronto.

Avisando com antecedência, você pode ver todo o processo de produção e ainda fazer um lanche, com bolos, doces e um cafezinho especial, feito na hora. Chega-se à Fazenda Caieira pela BR-040 (Rio–Juiz de Fora). Pouco antes de chegar a Três Rios (na direção de Juiz de Fora), entra-se à direita, na BR-393, direção de Salvador. Depois de rodar dez quilômetros, dobrar à esquerda. Mais duzentos metros e entrar à esquerda, para Bemposta.

Normandia

Bem pertinho da Thereza Quintella, também no distrito de Bemposta, fica a sede da tradicional Laticínios Normandia, na Fazenda Bemposta, que produz um delicioso doce de leite que, embora industrial, é feito só com leite puro, sem amido. Uma delícia e, sem dúvida, um dos melhores do país. A Normandia produz, ainda, outros produtos bastante procurados: coalhada, manteiga, queijo-de-minas (padrão e frescal) e ricota. Infelizmente, a fábrica não é aberta à visitação (embora haja planos para isso), mas todos os produtos podem ser comprados no armazém da fábrica.

Endereços e telefones

Alameda 914

Al. Paranhos de Oliveira 914 – Araras. Tels.: (24) 2225-1637 e 9951-3827
alameda914@bol.com.br
Funciona de sexta a sábado, das 13h às 24h, e domingo, das 13h às 19h. Seguir pela BR-040 e entrar em Araras. Ir pela Est. Bernardo Coutinho e entrar na altura do nº 9.146. A rua é a primeira, à direita. O Alameda 914 fica a 9,5 km da entrada de Araras.

Apiário Amigos da Terra

Est. Teresópolis–Friburgo km 51. Tel.: (22) 2543-2191
www.amigosdaterra.com.br
apiario@amigosdaterra.com.br

Bolo Húngaro

R. Perciliana 32 – Lote 10. Tels.: (24) 3387-1132 e 9278-5112
www.bolohungaromaua.com.br
bolohungaro@guiamaua.com.br
O Lote 10 fica imediatamente após o Centro de Mauá.

Caldo de Piranha

R. José Elias Zaquem 305 – Agriões. Tels.: (21) 2742-2881 e 2643-4908
Horário: terça a domingo, das 12h à 1h da manhã.

Capril Colina

Est. Teresópolis–Friburgo km 1 – Teresópolis. Tel.: (21) 2742-2783
http://caprilcolina.sites.uol.com.br
caprilcolina@uol.com.br

Capril DeVille

Est. do Vale da Prata km 30 – Mirantão. Tels.: (32) 3294-2064 e (21) 2286-3186

romulocap@uol.com.br

Ir na direção de Mirantão e, lá, pegar a Est. do Vale da Prata.

Capril Maluvi

Vale do Pavão. Tels.: (24) 3387-1193 e 9831-3282

Pegar a estrada que liga a Vila e Mauá a Maromba; depois da primeira ponte, após o posto de gasolina, entrar à esquerda, na estrada que leva ao Vale do Pavão. Então, seguir as placas. O sítio fica a 1,6 km depois da entrada do Vale do Pavão.

Caracóis Invernada

Est. dos Contrões 4.500 – Brejal. Tel.: (24) 2259-2539

Ao chegar à Posse, localize o Posto Texaco. Pegar a primeira à direita, em direção a São José do Vale do Rio Preto (Est. Silveira da Mota). No segundo quebra-molas, há a Est. dos Contrões, também à direita. Passar pela Fazenda Santa Rita, à esquerda. A zona de produção fica no Sítio Bela Vista, a quatro quilômetros dali.

Chocolates Doce Lembrança

Reta de Maringá. Tel.: (24) 3387-1251

Clube de Pesca 3 Vales

Est. Silveira da Mota km 10,5 – Rio Bonito, São José do Vale do Rio Preto. Tels.: (24) 2224-5406 e 2224-5361

www.3vales.com.br

pesca@3vales.com.br

Em Itaipava, pegar a Est. União e Indústria, indo em direção à Posse. Da Posse até o clube de pesca são mais 10,5 km bem sinalizados e com asfalto em bom estado. O caminho tem muitas curvas, com bonita paisagem.

Coisas da Fazenda

Est. Ministro Salgado Filho 4.839 – Vale do Cuiabá.
Tel.: (24) 2222-9595

www.coisasdafazenda.com

Em Itaipava, pegue a rua do terminal rodoviário e siga até a entrada do Vale do Cuiabá. Daí até a Coisas da Fazenda são cerca de seis quilômetros.

Dona Irene

R. Tenente Luiz Meirelles 1.800 - Bom Retiro.
Tels.: (21) 2742-2901 e 2742-3793
rest.d.irene@terra.com.br
Funciona de quarta a sábado, das 12h às 24h, e, aos domingos, das 12h às 18h.
É bom fazer reserva.

Fazenda do Mel

Est. Visconde de Mauá km 5. Tels.: (24) 3387-1308 e 3387-2348
www.fazendadomel.com.br
Em Mauá, pegar a estrada na direção de Campo Alegre.

Fazenda Genève

Est. Teresópolis–Friburgo km 16.
Tels.: (21) 3643-6391 e 3643-6394
www.fazendageneve.com.br

Gosto com Gosto

Vila de Mauá. Tel.: (24) 3387-1382
www.boalembranca.com.br
gostocomgosto@uol.com.br
Fecha às terças. Chegando a Mauá, é só entrar na vila. O restaurante fica bem no Centro.

Hortomercado Municipal

Est. União e Indústria 9.500 - Itaipava.
Tel.: (24) 2222-1253

Laticínios Montanhês

Tel.: (22) 2522-1165. Aberto para almoço aos sábados, domingos e feriados. Durante a semana, as reservas devem ser feitas com antecedência. Da praça principal de Nova Friburgo, entrar à esquerda, na R. Monte Líbano, e seguir as placas de Montanhês e Circuito Ponte Branca.

Laticínios Normandia

Fazenda Bemposta – Bemposta, Três Rios. Tel.: (24) 2258-2113

Laticínios Pedra Selada

Est. Rio Preto km 11 – Campo Alegre. Tel.: (24) 3355-0047

Pegar a estrada que liga Mauá a Campo Alegre e Rio Preto.

Le Petit

Maringá. Tel.: (24) 3387-1554

Fecha na primeira quinzena de dezembro.

Mr. Paul

Av. Ayrton Senna 179 – Quitandinha, Petrópolis. Tel.: (24) 2243-3641

www.mrpaulpetropolis.com.br

Patrone

R. Cel. Veiga 1.321-1.349 – Centro. Tel.: (24) 2242-3741

www.patrone.com.br

patrone@patrone.com.br

Provence

Est. Arnaldo Dyckerhoff 901 – Brejal. Tels.: (24) 2259-2044
e 2259-3117

www.provence.com.br

Saindo do Rio, pegar a BR-040. Após o segundo pedágio, seguir por mais seis quilômetros e sair da estrada, indo em direção a Areal. Depois de passar por dentro de Areal, seguir pela Est. União e Indústria cinco quilômetros até a Posse. Entrar à esquerda numa subida, ao lado do banco HSBC. Seguir em direção ao Brejal por seis quilômetros. Virar à direita no armazém, quando termina o asfalto. Depois seguir na estrada de chão por 900 metros.

Piscicultura Santa Clara

Vale da Santa Clara. Tel.: (24) 3387-1149

www.portalviscondedemaua.com/trutarosa/index.htm

Visitação e compra de produtos, todos os dias, das 8h às 17h. Restaurante: sábados, domingos e feriados, das 12h às 18h. Para chegar, pegar a estrada que liga a Vila de Mauá a Maromba e, depois de Maringá, entrar à direita, na ponte da Santa Clara. Então basta seguir as placas.

Queijaria Suíça

Est. Teresópolis-Friburgo km 49. Tel.: (22) 2529-4000
www.queijosfrialp.com.br

Rosmarinus Officinalis

Est. Mauá-Maromba km 4. Tel.: (24) 3384-1550
juliomb@uol.com.br
Abre todos os dias. Para chegar, é só pegar a estrada que liga Mauá a Maromba.

Sabor de Fazenda

Est. Bernardo Coutinho 1.560 - Araras. Tels.: (24) 2225-1559, 2225-1904 e 9222-9295
Pegar a BR-040 em direção a Juiz de Fora e se dirigir a Araras. É logo na entrada do lugar, após o portal.

Shiitake Imperial e Restaurante Funghi d'Oro

Est. do Facão 1.333 - Rocio. Tel.: (24) 2291-5682
www.shiitake.com.br e www.funghidoro.com.br
Seguir pela BR-040, em direção à saída de Petrópolis. Na placa Rocio-Cindacta, entrar e seguir sempre pela estrada de paralelepípedos. São cerca de cinco quilômetros - vão passar duas pontes e na bifurcação já é possível visualizar as placas com indicações.

Sítio Cultivar

Acesso pela estrada para Vargem Alta.
Tels.: (22) 2522-7143 e 9911-4935
sitiocultivar@yahoo.com.br

Sítio do Moinho

Est. Corrêa da Veiga 2.401 - Santa Mônica - Itaipava.
Tels.: (24) 2291-9150 e 2291-9171
www.sitiodomoinho.com
smoinho@sitiodomoinho.com
Na Est. União e Indústria, em Itaipava, passe o terminal rodoviário e a igreja. Antes de chegar a Pedro do Rio, um posto

de gasolina desativado, à direita, chama a atenção. Entre em uma estradinha asfaltada que sobe, à direita. Essa já é a Corrêa da Veiga. Parte dela é de terra batida, mas está em bom estado. Seguir a direção das placas que indicam o Parador Santarém. Até o sítio são dois quilômetros.

Sítio Gaia

Macaé de Cima. Tels.: (22) 2528-3443 e 9831-0639
www.sitiogaia.com.br
gaiahelo@gmail.com
Para quem vem do Rio, a referência é a primeira entrada do Hotel Garlip. Subir 17 quilômetros de estrada de terra batida. Ao passar a Fazenda São João, poucos quilômetros depois, chega-se ao Sítio Gaia. O local é sinalizado e fácil de achar.

Sítio Humaytá

Tels: (24) 2228-2060 e 2228-2046
www.sitiohumayta.com.br
delicias@sitiohumayta.com.br
Seguir pela BR-040 e entrar em Pedro do Rio. Na bifurcação que há logo em seguida, optar por Secretário. São oito quilômetros de estrada em bom estado. No Centro da cidade, entrar na rua da igreja e seguir mais seis quilômetros. Dessa vez, o caminho é em estrada de terra batida.

Thereza Quintella

Fazenda Caieira - Bemposta, Três Rios. Tel.: (24) 2258-2022

Trutas Araribá

Est. RJ-116 (Itaboraí–Nova Friburgo) km 70,5 - Mury.
Tel.: (22) 2519-5795
trutasarariba@yahoo.com.br
O restaurante fica ao lado da Churrascaria Chimarrão. O trutário localiza-se na Estrada Macaé de Cima, s/n.

Trutas da Serrinha

Est. da Serrinha, a 11 km de Penedo. Tels.: (24) 381-7141 e 9212-9199
www.trutasdaserrinha.com.br

trutasdaserrinha@ieg.com.br
Funciona aos sábados, domingos e feriados, das 9h às 13h e das 14h às 17h.

Trutas do Firmeza
Est. das Caxumbas s/n. Tels.: (24) 2222-1604, 8811-0691 e (21) 9985-5599
sylvia.firmeza@uol.com.br
Em Petrópolis, pegar a Est. União e Indústria, indo em direção à Posse, com destino ao Brejal. Da Posse até o trutário são 16 quilômetros, sendo oito em estrada de terra. O caminho tem diversas placas que tornam fácil o acesso ao local.

Trutas do Rocio
Est. da Vargem Grande 6.333 - Rocio. Tels.: (24) 2291-5623, 2291-5684 e 9965-6113
www.trutas.com.br
trutas@trutasrocio.com.br
Seguir pela BR-040, em direção à saída de Petrópolis. Na placa Rocio-Cindacta, entrar e seguir sempre pela estrada de paralelepípedos. São 6,5 quilômetros de percurso.

Truticultura Luiza
Est. Teresópolis-Friburgo km 22,5 - Campanha. Tel.: (21) 2641-1489. A entrada é a mesma usada para o Hotel Rosa dos Ventos. Dali, seguir pela estrada de chão batido. Há placas que sinalizam o caminho.

Vale das Palmeiras
Na Est. Teresópolis-Friburgo seguir até Venda Nova. Dali em diante, são sete quilômetros de estrada de terra batida.
Tel.: (21) 3641-9671
valedaspalmeiras@terra.com.br

Verde que te Quero Ver-te
Est. Mauá-Maringá. Tel.: (24) 3387-1322

Zur Sonne

Est. da Serrinha km 4. Tel.: (24) 3381-7108 e 9258-8362
www.serrinha.tur.br/zursonne/zursonne.htm
zursonne@terra.com.br

Abre somente aos sábados e domingos, das 12h às 18h. De segunda a sexta, somente com reserva. Nas férias e em feriados, diariamente, a partir das 12h.

Sabores do Vale do Café

(Paracambi, Eng. Paulo de Frontin, Paty do Alferes, Miguel Pereira, Vassouras, Barra do Piraí, Mendes, Piraí e Rio das Flores)

Tour da história do café e outras iguarias

Paracambi: *rafting* e boa comida

Um holandês em Paulo de Frontin

Paty do Alferes

Miguel Pereira: bom clima, doces, queijo e cachaça

Vassouras e o Galo Vermelho

Barra do Piraí tem História e café

Um alemão em Mendes

Piraí: peixes de água doce e macadâmia

Frutos do mar em Valença

Resgate da culinária dos tempos do café

4

Tour da história do café e outras iguarias

Num tempo muito distante do nosso, num lugar não muito distante da capital, viviam os barões do café. Naquele tempo, a sociedade também se dividia, mas era em casa-grande e senzala. O ouro negro, como era chamado o café, tornou-se o principal produto brasileiro, largamente produzido na região fluminense chamada Vale do Café. Foram construídas imponentes fazendas com extensos e belos jardins para as sinhazinhas tricotarem suas vidas. Elas – as fazendas – continuam lá, algumas muito bem conservadas e várias abertas para quem quiser ter um gostinho da História.

O gostinho é literal. Fazendas como a da Taquara, em Barra do Piraí, além do mobiliário original, oferecem um almoço típico rural num restaurante que funciona onde antes era a senzala em que dormiam os "escravos domésticos", aqueles que cuidavam das tarefas da casa-grande. A Taquara

Bolinhos de arroz, Fazenda União

produz café até hoje, mantendo as mesmas características de duzentos anos atrás.

Hoje, à frente de várias dessas fazendas, estão modernas "baronesas". Ou seja, a tradição se conserva, mas a História segue sua evolução natural e merece ser revisitada nesses solares tão simbolicamente valiosos. Um exemplo é Ana Streva, da Taquara, que teve a feliz idéia de abrir ao público a fazenda pertencente à família do marido, João Carlos.

Em Rio das Flores, Rosalina Monteiro dos Reis comanda a cozinha da Fazenda União. Ao lado do marido, João, ela resgata a culinária escrava dos tempos do café, com almoços bastante concorridos nos fins de semana.

Mas nem só de fazendas históricas vive o Vale do Café. Há peixes e macadâmia em Piraí; cachaça da boa, doces e queijos em Miguel Pereira; tomate em Paty do Alferes; comida sofisticada em Paulo de Frontin; culinária alemã da melhor qualidade em Mendes, entre outros. O Vale do Café é repleto de histórias e sabores.

Além disso, todos os anos a região se une para promover um grande evento: o Festival Vale do Café. As fazendas centenárias abrem suas portas para concertos, palestras, shows de MPB, artes plásticas, peças e gastronomia.

Paracambi: *rafting* e boa comida

Para quem gosta de aventura e de comer uma boa comidinha, eis um bom programa: ir à Fazenda Terra Verde, em Paracambi. É um ponto de encontro para os que vão descer o Ribeirão das Lajes em grandes botes de borracha, num divertido *rafting* por entre as

Coelho à caçadora, Terra Verde

corredeiras. Depois, já que ninguém é de ferro, voltar à Terra Verde para desfrutar um variado cardápio preparado com carinho por Suzete e Ricardo Albieri, os donos da fazenda.

Mas, se você não quer se aventurar no *rafting*, fique sabendo que, todo primeiro domingo de cada mês, é realizado na Terra Verde o Programa Gastronômico, com degustação de produtos rurais e almoço com pratos especiais da culinária campestre.

A festa começa já pela manhã, com degustação da Paracambicana, a cachaça local produzida em um sítio bem perto da Terra Verde. Como tira-gosto, os queijos de cabra produzidos na fazenda.

O almoço, servido em bufê, é farto e variado: coelho à caçadora, galinha caipira ensopada, arroz, feijão sujo, frango assado, carne de porco, carne bovina, oito tipos de saladas. Isso sem contar a berinjela, a batata e a farofa como acompanhamentos. A maior parte dos produtos é orgânica e produzida na própria fazenda, como a manga com a qual se faz um dos sucos naturais servidos no almoço. Como sobremesa, os doces caseiros feitos por Suzete: banana, abóbora, mamão verde e o delicioso doce de jaca.

O visitante pode, ainda, conhecer de perto as criações da fazenda (peixes, cabras, carneiros, coelhos e galinha caipira) e fazer uma visita ao alambique da cachaça Paracambicana. Para refrescar, no verão muito quente da região, há uma piscina.

Ricardo e Suzete cuidam da Terra Verde com todo o carinho do mundo. Ambos moram na fazenda e são professores de Agropecuária Orgânica da Universidade Federal Rural do Rio de Janeiro (UFRRJ), em Seropédica. Além disso, Suzete dá aulas de hotelaria e também de técnicas culinárias, o que significa dizer que ela é uma cozinheira de mão-cheia. São produtores de banana, laranja, limão e coco orgânicos, além de mel. Em suma, a Terra Verde é um belo projeto de desenvolvimento sustentável.

A visitação à fazenda faz parte do projeto de turismo rural desenvolvido pela Prefeitura de Paracambi. Outras atrações da fazenda são as trilhas para caminhada, o *acquaride* e o rapel em cachoeira.

Um holandês em Paulo de Frontin

Com menos de um ano de vida, a Vivenda Les 4 Saisons, em Engenheiro Paulo de Frontin, já garante o espaço na lista dos locais imperdíveis para conhecer no Estado do Rio. Encravado na Mata Atlântica, o hotel é um casarão sem paredes no primeiro andar, com generosas portas e janelas abertas para a natureza. Da recepção já é possível se ver a cozinha, palco das criações do chef holandês Jos Boomgaardt, o proprietário. Quem recebe e faz as honras da casa é o cearense e companheiro de empreitada, Cleiton de Almeida.

A inauguração da Academia de Culinária, que leva o nome do chef, dá oportunidade para quem se interessa em aprender e saber

mais sobre a experiência dos 35 anos de Jos entre restaurantes próprios, programas de TV na Holanda, aulas de gastronomia e assessoria a restaurantes nova-iorquinos.

A culinária do Les 4 Saisons tem a base na cozinha francesa, com influência asiática. Agora, as pesquisas do chef se estendem pelos produtos nacionais e a tapioca ganha destaque. No entanto, não há um cardápio fixo, mas um menu desenvolvido com os produtos frescos da época, a maioria vinda da horta orgânica da vivenda. É possível encomendar jantares com agendamento prévio, ao gosto do cliente. "A pedida, em geral, é por algo da cozinha tailandesa, especialidade do chef", indica Cleiton.

O hotel só aceita reservas para o restaurante quando Jos está, pois ele mesmo comanda a produção gastronômica, desde o café até o jantar. Quando está fora, em viagens para congressos, consultorias e, ainda, para as aulas na Escola de Gastronomia de Bangcoc, na Tailândia (para onde segue pelo

Les 4 Saisons

menos duas vezes por ano), o Les 4 Saisons fecha. Cleiton explica: "É a garantia que damos de o cliente ser sempre atendido pelo chef, o único no Brasil laureado pelo Guia Michelin", considerado internacionalmente a bíblia do setor.

O ambiente da vivenda é mais contemplativo. Os quartos não têm TV, nem frigobar, e os celulares não pegam. Para os "que não conseguem se desligar do mundo", como diz Cleiton, "temos uma sala comum, com TV via satélite". Para os que entram no clima, são oferecidos vários livros de arte e literatura, cavalgadas e passeios por trilhas ecológicas.

Chegar lá não é difícil. Seguindo pela Via Dutra, pegar a saída 212, logo após o pedágio. Passar por Paracambi, Paulo de Frontin e seguir pela Estrada Sacra Família até a altura do km 8. Após a placa do bairro Graminha, entrar na primeira à esquerda.

Paty do Alferes

Paty do Alferes é um grande produtor de tomate. Só no ano de 2005 foram colhidas 36 mil toneladas de oitocentos produtores. Com a introdução de novas tecnologias agrícolas, a produção tem crescido nos últimos anos. São dois os tipos de tomate que se podem encontrar na região: o Santa Cruz, que é mais alongado, e o tomate caqui, mais achatado. E, para comemorar a abundância desse fruto vermelho tão usado no dia-a-dia da nossa culinária, nada melhor do que uma festa.

A tradicional Festa do Tomate já foi realizada vinte vezes, sempre em junho, na semana do feriado de Corpus Christi, com direito a premiação para os melhores produtores e concurso de culinária, nas categorias de doces e de salgados.

Os apaixonados por gastronomia inventam receitas mirabolantes, tendo como base o fruto. Nas barraquinhas, várias opções, que vão da tradicional sopa de tomate com maisena e creme de leite, podendo entrar cheiro-verde, ao gosto do freguês, às mais surpreendentes composições. Na lista, incluem-se suco de tomate, tomate cristalizado, em conserva, tomate seco, geléia e doce de tomate com coco. Para provar, a melhor opção é ir à Secretaria de Ação Social, com direito a visita à cozinha da simpática tia Zezé ou planejar o fim de semana na cidade, no feriado da festa. "Faço um tomate seco fatiado, fininho, que é uma delícia", coloca água na boca a tia Zezé, que é professora de culinária do Programa de Qualificação Profissional Cozinha-Escola, que divulga os produtos do município.

Queijos e doces

Para quem visita Paty do Alferes, a Laticínios Manoel Borges é parada obrigatória. Há vinte anos Manoel produz, ao lado do filho Rogério, várias delícias. Eles trabalham juntos na produção e venda de doce de leite caseiro, creme de leite, manteiga e queijos diversos. Quem gosta dos queijos clássicos tem muito que aproveitar – da ricota à mozarela, passando pelo parmesão, minas, padrão e prato. A variedade de derivados do leite é grande. Entre eles está o iogurte, com versões nos sabores morango, coco, pêssego, salada de frutas (que leva mamão, banana e maçã), leite condensado e o natural, para os que preferem adoçar a gosto, comer puro, com mel. Para os adeptos das dietas, há a opção do morango light. Quem gosta de ameixa e abacaxi, a pedida é experimentar os dois novos sabores que entraram na lista em 2006.

O queijo cottage e o requeijão estão sob testes para serem produzidos em breve. "Sempre testamos os produtos com rigor para garantir a qualidade", explica Rogério. A área verde do local e o lago de pesca são opções para as crianças brincarem enquanto

Tomates, uma festa

os pais fazem compras. A Laticínios Manoel Borges faz entregas em todo o Estado do Rio.

Já no Sítio das Goiabas, a estrela é a fruta que dá nome ao local. Desde 1994, Geraldo Amaral de Souza faz da goiabada cascão o seu doce principal e, segundo ele, "o melhor da região". Trata-se de um título justo, pois, ao contrário da maior parte da produção de goiabada industrializada, a do seu Geraldo é genuína, feita no fogão a lenha. O cozimento da iguaria é bem lento e sem conservantes, o que confere ao doce um sabor especial e de caráter único.

Antes de experimentar a goiabada, é possível visitar o sítio e a plantação de goiaba. O visitante pode chegar, pegar a cestinha e colher a fruta madura do pé. Depois, se quiser, é só adquirir, na lojinha, as versões goiaba em calda e goiabada cascão. E tem mais: doce de leite com coco, de figo, de maracujá e de carambola, e os licores de jaboticaba e abacaxi.

O quindim da Didita já atravessou uma geração. Com a idade, foi ela mesma quem quis passar o bastão para o filho Paulo Sérgio Panasco, o Paulinho. O diferencial da receita é a suavidade do doce, sem gosto nem cheiro de ovo, apesar das mais de vinte gemas usadas. O segredo? Eles não revelam, "nem sob tortura". Mas contam que os segredinhos são muitos. Há 22 anos, a receita se repete e ninguém

Pudim de café, Comilâncias

sabe os mistérios. Mas o que importa mesmo é o sabor, de lamber os beiços. Paulinho só deixa escapar um detalhe: o coco utilizado é natural e o doce não leva corante algum. Quem aprecia um bom quindim tem que provar. Na cidade do Rio de Janeiro também é possível provar o quindim, no restaurante Siri Mole & Cia., em Copacabana.

O Comilâncias Doces, de Arlindo Luiz do Nascimento Júnior, produz um dos melhores doces da região, o "pé-de-moça". Explica-se: trata-se de um pé-de-moleque modificado, feito à base do tradicional leite condensado Moça. "Foi um cliente nosso que provou o suposto pé-de-moleque e disse: isso não é um pé-de-moleque, isso é um pé-de-moça!", conta Arlindo. O nome pegou. O doce existe desde 1991; é famoso na cidade por ser saboroso e macio. O segredo é a troca do açúcar mascavo pelo leite condensado. O Comilâncias Doces também produz mais de sessenta tipos de tortas, com destaque para as de banana caramelada e de maçã, muito requisitadas. Outra atração açucarada, para quem aprecia os doces do estilo flã, é o pudim de café com calda de cappuccino.

Sempre nos feriados da Semana Santa, é realizada, em Paty, a Festa do Doce. Desde 1991, a antiga Estação Ferroviária, que fica na Praça Jacob Abdue, é palco para o evento – um baita incentivo aos produtores da região, já que a produção ainda é artesanal.

Cerca de dez mil visitantes vão para se divertir e consumir, segundo dados da prefeitura.

Museu da Cachaça

Centenas de garrafas de cachaça podem ser vistas (e algumas, degustadas) no Museu da Cachaça, o primeiro do gênero no país. Inaugurado em 1991, foi idealizado por Iale, já falecido, e Íris Renan, que gastaram anos e anos pesquisando em bibliotecas e colecionando garrafas compradas por todo o Brasil, das mais famosas até as raras, artesanais e desconhecidas.

Além disso, o visitante verá um antigo minialambique, reprodução de documentos históricos, coleção de crônicas e artigos, livros especializados, trovas populares, piadas e, é claro, entrará em contato com a história da cachaça, nascida nos primórdios do século. Ali também funcionam um alambique, no qual é produzida a cachaça Cande, duas adegas e um bar de provas servidas gratuitamente. A visitação pode ser feita todos os dias.

Miguel Pereira: bom clima, doces, queijo e cachaça

Miguel Pereira é uma cidade para descansar e aproveitar o ótimo clima, considerado um dos melhores do Brasil. Raramente a temperatura ultrapassa os 28°C. Por isso, é sempre um prazer passear pelas ruas da pequena e agradável cidade, rodeada de

Dona Carmem: doces direto da panela para o cliente

parques e lagos. Além do clima, Miguel Pereira oferece frios, queijos, doces e cachaça.

Você não pode perder a linha nos doces da dona Carmem, degustar uma das melhores cachaças do país, a Magnífica, saborear os afamados queijos e frios do Sítio Solidão, com destaque para o excelente queijo-de-minas frescal – escolhido para ser servido aos Chefes de Estado da Rio 92 – e terminar com um jantar no Summer Garden, restaurante de boa qualidade que procura sempre usar os ingredientes da região.

Doces da melhor qualidade

Dona Carmem de Carvalho Amaral é uma senhora de 73 anos, muito meiga e orgulhosa do que faz. É boa de conversa e, se depender dela, você vai experimentar todos os doces. Se ela, por acaso, não estiver, a conversa e a apresentação ficam por conta da filha Claudete. A casa de dona Carmem é um ponto tradicional de doces da melhor qualidade. Basta tocar a campainha que ela vem atender a porta e levar você para a cozinha.

Começou fazendo doce de laranja-da-terra desde 1960. Hoje são produzidos os seguintes doces: pasta de manga (que ela sugere que seja comida com carne assada ou lombinho), geléia de uva preta (mais ácida), geléia de jaboticaba (bem ácida), pessegada de pêssego verde, abóbora com coco, geléia de morango, bananada, goiabada (ponto de colher, mais molinha), compotas de jaca, de carambola, de manga, banana, pêra, figo, caju, goiaba, mamão espelhado (feito com lascas da fruta), laranja-da-terra, mamão com coco e os doces de coco, de leite e de coco com açúcar queimado. Ela faz também biscoito de nata, pingo de leite, doces cristalizados e licores de jaboticaba, leite e jenipapo. Tudo feito com a ajuda da filha Claudete e da funcionária Inês, que trabalha com ela desde 1989.

"A minha experiência vem da Fazenda dos Quindins, onde fui criada. Minha mãe era cozinheira e eu fazia doces muito bem-feitos. Ninguém me ensinou. Eu não sabia ler naquele tempo, então fazia tudo de cor. Eu tinha o paladar do doce bem-feito e o dom de Deus, que isso ninguém tira", conta.

É uma variedade de cores, cheiros e, claro, sabores. O cliente pode experimentar o que quiser e depois é só escolher o tamanho do recipiente para os doces que for comprar. Dona Carmem (ou Claudete) enche generosamente o vidro na hora. Os preços dos potes variam, dependendo do tamanho, de R$ 7,00 a R$ 22,00, mas não se aceita cheque.

Queijos, frios e cachaça no Solidão

Tem o famoso queijo-de-minas frescal, que se desmancha na boca, tem o queijo curado de massa cremosa, uma delícia, tem queijo de cabra tipo caprino romano e tem queijo tipo da Serra da Estrela, em Portugal. No Brasil, esse tipo de queijo é produzido apenas no Sítio Solidão. Em Portugal, é feito com leite de ovelha; aqui, com leite de vaca. O proprietário do Solidão, Luiz Francisco Menezes, conta que demorou 15 anos para fazer o ponto desse queijo, bem suave e macio. Mas há, pelo menos, mais dez tipos de queijos para provar.

O Sítio Solidão fica na Rota do Caminho Real. É na entrada da propriedade que fica a loja-delicatéssen e, ao lado, o bistrô em que se degustam as delícias, que vão dos queijos aos frios, passando

Queijo curado de massa cremosa

pela cachaça de rapadura e pela mais recente novidade, o sorvete de creme de leite. No restaurante, o menu tem os produtos Solidão utilizados como ingredientes de receitas da cozinha alemã.

Na loja pode-se experimentar um dos mais de oitenta tipos de sanduíches feitos com os produtos da casa. O Sítio Solidão também produz uma cachaça bem artesanal, feita de rapadura e envelhecida durante 18 meses.

Luiz faz questão de manter uma produção pequena da cachaça, à venda apenas no sítio. O processo é bastante simples: a rapadura é diluída numa dorna e depois fermentada em outra. Esse processo leva de 24 a 48 horas. Depois, o caldo é levado ao alambique para destilar, o que dura oito horas. A etapa final é o envelhecimento no barril, por um ano e meio. Depois é só engarrafar e beber.

Já a linha de queijos é vendida em vários pontos do Rio de Janeiro. As fábricas ficam no topo do sítio. Existem restrições à visitação por medidas de higiene, mas, até o final de 2007, Luiz garante que a produção de queijos poderá ser vista através de uma grande janela, na parede principal da área de produção.

A linha de embutidos, frios e defumados é tão ou mais variada que a de queijos. Tem desde língua bovina defumada,

lombo maturado e presunto de javali a salsichão branco temperado e lingüiça calabresa.

No início de 2007, passou a funcionar uma filial do ponto-de-venda na Estrada do Imperador, onde também se localiza a pousada para os que curtem passeios mais radicais. Com apenas três suítes, hóspedes e viajantes poderão degustar também as tábuas de queijos e frios, além dos embutidos e cervejas importadas servidos pelo Sítio Solidão.

A Magnífica Soleira

Considerada uma das melhores cachaças brasileiras, a Magnífica tem novidade. O mercado já conhecia as "versões" branca e amarela. Agora é a vez da Reserva Soleira.

A cachaça branca é envelhecida no ipê, uma madeira que praticamente não interfere no gosto da bebida, apenas a amacia. Já a cachaça amarela, de rótulo preto, é envelhecida em barris de carvalho, que transferem o sabor da madeira à bebida. Ambas são envelhecidas por dois anos. O produto final é a mistura de várias barricas.

João Luiz, da Magnífica

Já na soleira, o envelhecimento, em barricas de carvalho, é o mesmo sistema usado para o rum e o xerez: a bebida não fica estacionada em uma barrica (o que às vezes pode variar um pouco o sabor e demanda um acompanhamento maior da qualidade), muda de uma para outra de tempos em tempos, em sistema de rodízio, o que garante uma qualidade quase perfeita no sabor. Considerada um tipo de cachaça extrapremium, a soleira da Magnífica é a única no Brasil.

João Luiz de Coutinho Faria, proprietário da Fazenda do Anil, onde é produzida a Magnífica, informa que tem duas estantes da soleira, com 128 e 98 barricas cada uma, divididas em sete e oito prateleiras, respectivamente, o que significa dizer que, ao ser engarrafada, a bebida já passou por 226 barricas. Todo o processo resulta em uma produção mais padronizada.

O Alambique da Magnífica

A Fazenda do Anil é um bom lugar para se aprender o processo de elaboração de uma cachaça de alambique. A fazenda tem grande extensão, com aproximadamente cem alqueires, sendo trinta só de plantação de cana-de-açúcar. O visitante pode percorrer, de carro, seus caminhos, por entre as matas, açudes e colinas. Além de paisagens belíssimas, verá as plantações de cana-de-açúcar em diferentes estágios, algumas prontas para o corte, outras não.

Ao chegar à área de produção, podem-se conhecer desde a moenda da cana-de-açúcar até o armazenamento nos barris. A grande atração é o alambique Alegria, todo feito de cobre e com proporções gigantescas. Ele tem três níveis, um para cada caldeira, e uma escada dá acesso, pela lateral, para ver-se de perto cada uma delas. O processo de produção é todo visível e, durante a moenda, quem quiser pode experimentar a garapa.

Cada alambicada rende aproximadamente quinhentos litros e, em épocas de grande produção, são feitas três por dia, com duração de cerca de três horas. Do começo da manhã, quando é cortada a cana, até as 18h, pode-se assistir ao processo de fabricação da cachaça Magnífica. Por conhecer cada canto da fazenda, é o próprio João Luiz quem, geralmente, faz o passeio com os turistas.

João começou a produção em 1985. Ele confessa que bebe cachaça todos os dias. Uma vez por mês, faz pessoalmente a prova das barricas para realizar a mistura final. A prova consiste em tirar uma amostra de cada barrica do lote, por volta de vinte amostras, classificá-las por cor, cheiro e sabor, e decidir quais serão misturadas para serem engarrafadas.

Para chegar à Fazenda do Anil, as indicações são as seguintes: em Miguel Pereira, pegar a direção do Hotel Montanhês, o maior da cidade. Passar pelo hotel e seguir até chegar a São José da Rolinha, onde há um campinho de futebol. Pegar à esquerda, onde começa a Estrada do Anil. Daí é só seguir em frente até chegar ao portão da fazenda, onde a estrada termina. Todo esse caminho é feito numa estrada de terra.

Cachoeira de Cachaça

É também de Miguel Pereira a Cachoeira de Cachaça, produzida na Fazenda Santo Antônio da Cachoeira. A propriedade, de cerca de 260 anos, era de Joaquim Alcântara, engenheiro agrônomo, criador de gado, que começou a plantar cana para alimentar os animais nas épocas de seca. Apaixonado por cachaça, especializou-se na técnica de produção da bebida, que passou a fazer aproveitando o caldo da cana que sobrava. O *hobby* virou negócio.

Na construção antiga, que ficava na estrada alternativa à Estrada Real, já existia o alambique. Com 150 anos, foi restaurado e modernizado há 30, com a manutenção da originalidade dos alambiques do tipo Alegria. Entre provas e experimentações, a suave cachaça envelhecida em barris de carvalho foi o motivo para a implantação da primeira usina de destilação de cachaça industrial, no interior de São Paulo.

O paulista Joaquim faleceu há quatro anos, mesmo tempo em que saiu o registro da Cachoeira de Cachaça. Quem está à frente do negócio é o filho Roberto, que vive em São Paulo. A bebida é vendida em garrafa artesanal, de vidro soprado, produzida uma a uma pela artista plástica Regina Ricetti. Esse é um diferencial que confere requinte à cachaça.

O alambique pode ser visitado. As visitas devem ser pré-agendadas com o Sr. Chico, administrador, ou com o próprio Roberto. Lá se pode adquirir a cachaça, embora já possa ser encontrada em alguns estabelecimentos, no Rio e em São Paulo (Empórios Santa Maria e Diniz, em São Paulo, e Porto Leblon e Garcia & Rodrigues, no Rio).

O agradável Summer Garden

O Summer Garden é o tipo de restaurante interessante. Fica em um local muito agradável, cercado de verde, um pouco afastado

Camarões ao curry de coco e Magnífica

do Centro da cidade; além disso, a sua comida é boa. A chef e proprietária, Diana Vieira de Carvalho, carioca de Santa Teresa, mas, há muitos anos, em Miguel Pereira, procura fazer uma culinária que usa e abusa dos ingredientes locais, como a cachaça. Tem até um Cardápio Magnífica, com vários pratos feitos à base de cachaça, como os camarões ao curry de coco e Magnífica, com arroz de canela e castanhas-de-caju. Muito interessante! Ou a tilápia ao molho de batida de maracujá com arroz de camarões. Há, ainda, o lombinho de porco ao molho de limão e Magnífica e o risoto de camarões ao maracujá e Magnífica. Há outros mais, como um tal de tutu de feijão bêbado.

A tilápia mencionada anteriormente aparece em diversos outros pratos e vem de um criador da região, o Mamão. Há trutas também, que são de Friburgo.

Diana vive variando o cardápio, mas suas criações não poderiam deixar de fora o café, claro. Em alguns casos, até misturá-lo com a cachaça, por que não? Ela lhe serve, então, uma batida de café para abrir o apetite. Para comer, há um delicioso escalope de mignon ao molho de café e queijo curado (do Sítio Solidão, é claro) ou o penne ao molho de café ao funghi e camarões. O Summer Garden abre de quarta a domingo para almoço e jantar.

Vassouras e o Galo Vermelho

Nos tempos do Barão de Vassouras, a estrada que hoje é chamada de RJ-121 tinha o pomposo nome de Caminho Real. Nas terras do mesmo barão foi construída uma fazenda, cuja

Almoço mineiro do Galo Vermelho

sede, depois de devidamente reformada, virou um Hotel Fazenda, o Galo Vermelho, hoje dirigido pelos irmãos Rubens e Giorgino (Gino) Maciel.

Entre os prazeres e "lazeres" que o Galo Vermelho proporciona, Rubens faz questão de dizer: "O nosso ponto alto é a comida." De fato, no cotidiano, a comida é mesmo boa, mas o destaque é o almoço mineiro dos domingos. Um bufê em que se encontra de tudo um pouco, do feijão-tropeiro ao lombinho de porco.

"As referências culinárias da região são mineiras, você vê isso espalhado por aí, as cozinheiras trazem essa raiz", diz Rubens. "Você pode mudar os cozinheiros, contratar outros, e aí é só deixar solto, que eles sabem o que fazer. A culinária mineira foi uma das principais heranças do período imperial em Vassouras."

Além da comida mineira, Rubens chama a atenção para os doces caseiros produzidos na fazenda e a horta orgânica certificada, de onde saem os legumes e verduras que vão para as mesas.

Barra do Piraí tem História e café

O Comendador João Pereira da Silva era um homem de posses. Só de fazendas na região em que hoje está o município de Barra do Piraí tinha três. Uma delas era a Nova Prosperidade, mas que acabou virando Fazenda da Taquara, nome dado pelos escravos, por causa da taquara, espécie de bambu fininho abundante no lugar. O comendador teve filhos, netos, bisnetos, tataranetos e o interessante é que, seis gerações depois, a fazenda continua nas mãos dos seus descendentes. A propósito, é a única fazenda histórica do vale que está com a mesma família desde os tempos áureos. É também a única que ainda produz café.

Diga-se, a bem da verdade, que a Taquara, construída em torno de 1830, também entrou na era da decadência em que todo o vale deixou de plantar café. Mas João Carlos Tadeu Botelho Pereira Streva, descendente do tal comendador e atual proprietário da Taquara, ao lado da mulher Ana, resolveu voltar ao tempo do café. Na década de 1980, recomeçou a plantar. Tudo bem, não é uma enorme plantação, "apenas" 150 mil pés. Nem uma grande produção, tanto que o café colhido na fazenda é praticamente consumido em Barra do Piraí e na própria fazenda, é claro, onde é servido aos visitantes. É um prazer tomar um café produzido em uma fazenda histórica.

A maioria dos móveis e objetos da fazenda, aberta à visitação, é da época do café. Como uma escrivaninha do século XIX, daquelas cheias de fundos falsos e compartimentos escondidos. Uma graça. A idéia de abrir a Taquara à visitação pública foi de Ana Streva, mulher de João. Também partiu dela a idéia de receber os visitantes com um belo café colonial e, melhor ainda, com um almoço baseado na culinária mineira.

A antiga senzala "doméstica", onde dormiam os "escravos da casa" (mucamas, cozinheiras), foi restaurada e transformada em um agradável restaurante, onde são servidos carne de porco (da criação da própria fazenda), mandioca, frango caipira, lingüiça (produção da fazenda), torresmo, farofa, frango com quiabo, tutu de feijão e ovo frito. Sim, ovo frito, mas caipira, é bom que se diga. Ao lado do restaurante, uma pequena loja vende lingüiça, bala de café, licor de café e uma cachaça da região, a Sossego, além de outros acepipes.

Cachaça e lingüiça

A Fazenda São João da Prosperidade faz da história da arquitetura e do modo de vida no Vale do Café do século XIX o principal atrativo para a visitação. O turismo cultural inclui palestra e visita ao interior do casarão, que termina na antiga cozinha, onde é servido um lanche caseiro variado – com bolos, torradas, queijos e geléias, regados a chá, chocolate e café. Tudo feito no local.

Na parte externa fica o alambique, onde se produz a cachaça com o mesmo nome da fazenda. Após a visita, a bebida é oferecida para degustação. A produção é pequena, assim como a da tradicional lingüiça defumada. Por isso, quem quer levar para casa deve comprar lá mesmo. Eles não têm pontos-de-venda.

Para visitar, é preciso agendar com antecedência. A proprietária Magid Muniz é quem recebe.

Um alemão em Mendes

Sabe aquele lugar que fica assim meio no fim do mundo e que, no meio do caminho, a gente pára para pensar se vale a pena prosseguir viagem até chegar lá? Mas um fala, outro indica, as referências são as melhores possíveis e a gente vai tocando até chegar à Fazenda do Alemão. Portanto, não desista e prossiga o caminho tortuoso, trechos em terra, algumas subidas. Afinal, são só sete quilômetros a partir de Coqueiros, na RJ-127 (que liga Mendes a Vassouras), até o lugarejo chamado Jabuticabeira (é só seguir as placas), onde os simpáticos proprietários da Fazenda do Alemão, Manfred Bergmann e a esposa sul-africana Anne, o esperam com toda a atenção do mundo.

Festival de delícias alemãs na Fazenda do Alemão

Manfred é engenheiro; quer dizer, era. Em 1965, foi trabalhar na África do Sul e lá conheceu Anne, negra, favelada, em pleno apartheid. "Imagina a dificuldade que era a gente namorar!", lembra Anne. Dez anos depois, Anne engravidou e o casal conseguiu ir para a Alemanha, onde hoje mora a sua filha. Mas na Alemanha faz muito frio e Anne queria sair de lá. Foi então que em 1983 Manfred recebeu um convite para trabalhar na construção da Usina de Angra. A família aproveitou e veio junto.

Só que o trabalho acabou. O que fazer? Como em 1984 já tinham comprado um bom pedaço de terra em Mendes, por indicação de um amigo, partiram para várias tentativas, desde criar porcos até plantar feijão. Nada dava muito certo. "Minha família tinha uma fábrica de salsicha na Alemanha. Como no Rio não havia ninguém fazendo salsichas como na Alemanha, resolvi fazer um estágio com o meu pai e aprender tudo."

Eis que Manfred partiu, então, para fazer não só salsichas, mas vários tipos de embutidos e mais joelho de porco, costeleta de porco defumada e coisas do gênero. Em 1996, já com a salsicharia funcionando desde 1987, resolveram abrir a Fazenda do Alemão. É um restaurante acolhedor, charmoso, onde se come uma comida alemã da melhor qualidade. A melhor coisa é conversar com Anne, que comanda a cozinha, e pedir as sugestões.

Podemos começar com as especialidades da casa. A primeira é o hausmacher plate, um prato com carrê defumado, salsicha branca (bovina), salsicha tipo frankfurter (bovina e suína), bolo de carne, salaminho, lingüiça, batata sauté, chucrute (feito com vinagre de vinho). Em seguida vem o einsbein frankfurter, o famoso joelho de porco grelhado, com purê de ervilha e batata assada. Esse é de comer de joelhos.

Anne chama a atenção para uma especial coxa de ganso. Cozinha-se o ganso por duas horas, em fogo baixo, com caldo de galinha e louro. Em seguida, acrescenta-se tempero e leva-se a assar. É servido com repolho roxo e chucrute de vinho. É bom pedir com antecedência.

Tem ainda uma feijoada alemã, feita com feijão-branco, cenoura, batatas, costela de porco defumada e lingüiças. Há também dois ou três pratos oriundos da África do Sul, como o frango marinado com curry e arroz de açafrão. Como sobremesa, apfelstrudel (a famosa torta de maçã alemã) ou a torta alemã, especialidades da casa.

Resumindo, vale a pena o passeio e chegar até lá. A Fazenda do Alemão também faz entregas semanais no Rio. É só telefonar e encomendar.

Piraí: peixes de água doce e macadâmia

Em Piraí, viramos a página da história cafeeira e vamos saborear pratos feitos com tilápia e macadâmia, os principais produtos da região, tão importantes que, todo ano, em outubro, a cidade realiza o Festival de Gastronomia e Cultura, com um concurso gastronômico em que os pratos com esses produtos são as atrações.

A festa gastronômica reúne importantes chefs do estado e do Brasil, e movimenta os restaurantes da cidade em torno da boa comida. Nos estandes espalhados pela praça principal da cidade, o visitante, além de poder assistir gratuitamente a aulas de culinária, pode comprar filés congelados de tilápia da cooperativa do Centro de Piscicultura, a noz-macadâmia produzida pela Tribeca e também a cachaça local, a Pirahy.

Por falar em boa comida, um dos destaques é o charmoso Hotel Casa do Manequinho, das irmãs Letícia e Ana Paula, instalado em um casarão do final do século XIX, reformado, na praça principal da cidade, que tem um restaurante em que o forte são os pratos à base de tilápia. São oito variações, como a tilápia ao sabor da terra, feito com filé de tilápia defumada, azeite de ervas e macadâmia picada, acompanhada de purê de banana-da-terra e couve. Entre as várias opções, há duas especialmente interessantes: filé de tilápia recheado com queijo brie e macadâmia ao molho de maracujá e o mexidão de tilápia (lascas

Tilápia ao sabor da terra, Casa do Manequinho

de filé de tilápia ao azeite de ervas, cebola, tomate e batata palha). Ana Paula, que comanda a cozinha da Casa do Manequinho, já venceu várias vezes o concurso gastronômico.

Bar do Peixe

Dali vamos ao Bar do Peixe, atração da cidade desde 1986, saborear uma tilápia recheada ou uma traíra sem espinha, truta, filé de pintado, acará ou a famosa moqueca de cascudo. Isso sem falar na tilápia grelhada com molho de macadâmia e catupiri. A primeira impressão pode ser a de mais um boteco simpático, o que é verdade. Mas não é "mais um", assim como quem diz "igual a todos". O Bar do Peixe é da categoria "achados da arte culinária". Virou ponto de encontro de famosos, políticos da região, clientes fiéis e turistas que sabem aonde ir. Ambiente simples, como simples e saborosos são os seus pratos.

Todos os pratos foram criados pelo proprietário, Luiz Henrique, de 58 anos, que só foi aprender a cozinhar aos 37. Ele tinha aberto um barzinho pé-sujo, no qual servia cachaça e uns salgados. Estava meio sem saber o que fazer com o seu bar, até que um dia apareceu por lá uma pessoa vendendo uns dez quilos de peixes dos rios da região. Comprou tudo, temperou e fritou. Pronto, dali em diante foi só sucesso.

César, o filho, seguiu o caminho do pai e aprendeu a cozinhar aos 15 anos. Hoje, aos 27, divide a cozinha com Luiz Henrique. Fala com orgulho da sua traíra: "Eu tempero a traíra só com sal, que é para as pessoas poderem sentir o gosto do peixe." É bom que se saiba que a traíra é um peixe de sabor forte, acentuado, e cheio de espinhas. O segredo é saber tirar as espinhas e transformá-la em filé. São raros os lugares do estado em que se pode comer traíra tão bem-feita.

As especialidades da casa são: traíra sem espinha (assada ou frita); traíra recheada com camarão e catupiri, assada no azeite; iscas fritas de acará; tilápia grelhada com molho de macadâmia e

Bar do Peixe: moqueca de cascudo e traíra frita

catupiri e o bolinho de tucunaré com catupiri, servido como entrada. Faz sucesso há vinte anos, desde que o bar começou, em 1986.

Parte dos peixes servidos, como acará, bagre, cascudo e piau, vem dos rios da região. A traíra também vem dos rios da região, do Norte Fluminense e até de Minas Gerais. O tucunaré é pescado na represa da Light, formada pelas águas limpas do Ribeirão das Lages; a tilápia vem das criações locais. O Bar do Peixe serve, também, peixes do mar, como o dourado e o congro-rosa. Serve truta também.

Como aperitivo, a sugestão de Luiz Henrique é a batida de macadâmia com vodca.

Os doces

Essa história de concurso gastronômico é interessante porque incentiva as pessoas a criar novidades e partir para negócios novos, com sabor. É o caso de Adriana, doceira de mão-cheia, que abriu o seu próprio negócio – a Tortas Adriana – e hoje vende seus doces para outras cidades, como Barra do Piraí, Volta Redonda, Barra Mansa e até Rio de Janeiro. Como não poderia deixar de ser, entre os mais de quarenta tipos de tortas, Adriana tem receitas especiais com macadâmia, com destaque para a musse trufada com crocante de macadâmia (bolo

Mil-folhas com macadâmia da Adriana

musse de chocolate branco, crocantes de macadâmia e chantili), vencedor do concurso gastronômico de 2004. Outra criação de Adriana é o mil-folhas com macadâmia (massa folhada, doce de leite com macadâmia, musselini e chantili), vendida em pedaços.

Mas ,se você não foi a Piraí, e, por alguma razão, está viajando de carro pela Via Dutra, sentido São Paulo–Rio, uma sugestão: faça uma parada para descanso (ou para abastecer o carro) na Casa do Mamão, localizada no Posto Nacional, que fica no km 237. Ali você vai provar a procurada torta musse de chocolate com macadâmia, com a qual o descendente de imigrantes alemães Martin Henrich Allers, o Mamão, venceu o concurso de gastronomia do Piraí Fest em 2005.

Hoje, Klaus – filho do Mamão – que ao lado da irmã Sabrina toca o restaurante, explica que muita gente, caminhoneiros ou não, busca apenas saborear a torta, ou, ainda, o pavê de macadâmia. A Casa do Mamão também vende a macadâmia assada e salgada.

Reserva Aroeira

A 16 quilômetros do Centro da cidade, no caminho de Barra do Piraí, sendo oito em estrada de terra, já na zona rural, o turista vai encontrar a paz entre morros, verde e lagos na Reserva Aroeira, a pousada do casal Henrique e Ana Catharina Marques Lisboa. A família de Henrique é dona do Hotel Fazenda St. Robert, referência para se chegar à pousada, que fica numa área de cinqüenta alqueires, bem atrás do hotel.

A pousada é nova, inaugurada em janeiro de 2005. A médica homeopata Ana Catharina, com consultórios na Barra da Tijuca e no Leblon, resolveu criar uma espécie de centro culinário, para deleite dos hóspedes. Ana explica que faz uma comida variada, mas usando produtos locais, como é o caso da tilápia e do pato, criado na propriedade.

Para chegar às suas receitas, Ana fez vários cursos de culinária, depois de incentivada pelo marido, cozinheiro amador e, segundo ela, dos bons. Aprendeu tanto que já venceu por três vezes o concurso gastronômico. É com orgulho que sugere, como entrada da refeição, os pasteizinhos folheados de tilápia com mozarela de búfala. Como prato principal, pode-se escolher entre a tilápia Aroeira (filé grelhado servido em leito de alho-poró com risoto de maçã, camarão e abobrinha, e batata assada com gorgonzola) ou a tilápia com camarão. Também vale a pena experimentar o peito de pato (magret de canard) grelhado, com molho de manga, arroz de ervas e mandioquinha (batata-baroa) ao alho ou o arroz de pato.

A noz-macadâmia

Em Piraí se encontra o único pomar produtivo de macadâmia do Estado do Rio de Janeiro. A Tribeca produz a Macanuts do Brasil, noz-macadâmia assada e salgada, ideal para uso culinário e como aperitivo. Não deve nada à castanha-de-caju ou ao amendoim. Noventa e oito por cento da produção é exportada, mas, se depender de Marcos Gonçalves, um dos sócios do empreendimento, essa relação vai mudar nos próximos anos, com investimentos no mercado interno de consumo.

Atualmente a Tribeca tem 45 mil árvores em produção, mas o objetivo é chegar a 85 mil. Além da plantação e do

Macadâmia

beneficiamento da noz, produzem-se mudas da planta para venda a produtores de outros estados.

A macadâmia é uma noz de origem australiana, país que divide com o Havaí a liderança da produção mundial. No Brasil, ela foi introduzida na década de 1970, em Poços de Caldas (MG) e Limeira (SP). Hoje, o maior produtor é São Paulo, mas há plantações também na Bahia, no Espírito Santo, em Minas e no Paraná. O Brasil é responsável por 3% da produção mundial.

Ela cresce em cachos, mas, para se chegar à saborosa e crocante noz, é necessário romper duas camadas do fruto. É rica em gordura monossaturada (cerca de 60%), a mesma do óleo de oliva. É, portanto, benéfica à saúde, reduzindo o risco de doenças cardíacas, pois atua na manutenção do chamado bom colesterol.

As visitas à Fazenda Santa Marta, onde está instalada a Tribeca, devem ser acertadas por intermédio da Casa do Manequinho.

Frutos do mar em Valença

Valença fica bem longe do mar, mas o carro-chefe na cozinha do casal Paulo Cézar, o Cezinha, e Maria da Conceição são os frutos do mar. "Em setembro de 2006, o restaurante completou 17 anos. Já virou tradição pelo sucesso que a comida faz, não só aqui, mas também nas cidades vizinhas, como Rio das Flores, Vassouras e Barra do Piraí", explica Cezinha, que atua no ramo gastronômico desde 1978.

Embora o Colonial sirva outros pratos, como pizzas, frango e carnes, os sucessos são o camarão ao termidor (camarão gratinado, com um molho, que leva creme de leite, queijo prato, leite e ovos) e a caldeirada de frutos do mar, com lula, peixe e camarão no azeite-de-dendê e leite de coco. Segundo Cezinha, vale a pena experimentar a lula à doré ou o polvo na páprica, preparado na panela de barro.

Ao chegar ao Centro, é fácil avistar o casarão centenário em que está instalado o Colonial, na praça principal da cidade, famosa por ter sido projetada pelo paisagista francês Glaziou, também responsável pelo projeto da Quinta da Boa Vista, no Rio de Janeiro.

Por fim, Cezinha indica os doces da dona Maria, uma senhora de oitenta anos que mora em um casarão antigo atrás da igreja. Vão agradar, com certeza, como garante o dono do restaurante. "Servimos aqui os doces de mamão com coco, figo e laranja. São doces caseiros e muito bem-feitos." O restaurante funciona de terça a sexta-feira, a partir das 18h30, e aos sábados e domingos, das 11h30 em diante, sempre até o último cliente.

Resgate da culinária dos tempos do café

Que tal desfrutar do prazer de se hospedar numa fazenda dos tempos do café e, ainda por cima, poder apreciar uma boa comida, igualmente "histórica"? Em Rio das Flores, fazer as duas coisas ao mesmo tempo é possível em pelo menos duas das dez fazendas históricas localizadas no município.

A requintada Fazenda União, de 1836, pertenceu ao Visconde de Ouro Preto. Hoje, os barões são outros: o casal João e Rosalina Monteiro dos Reis. Ele, arquiteto, conhecedor e apaixonado pela história do Ciclo do Café. Ela, bióloga e pesquisadora da culinária que se fazia na região no século XIX.

Em 1991 eles compraram a União, restauraram, recolheram móveis e objetos do tempo do café e hoje têm, ao mesmo tempo, um verdadeiro museu e "uma casa de fazenda que recebe hóspedes", como prefere definir João. Com dez quartos, a União é muito agradável e bem cuidada. Fazer um *tour* com o proprietário pelo interior da sede da fazenda é uma aula de História.

Já Rosalina vê a história por meio da gastronomia, fazendo refeições com receitas resgatadas dos tempos do café e até de Santos Dumont. Sim, o pai da viação vira-e-mexe passava pela cidade. Afinal, para quem não sabe, os pais de Santos Dumont moraram na Fazenda do Casal, dos seus avós maternos. Foi em Rio das Flores, na Igreja de Santa Teresa D'Ávila, que Santos Dumont foi batizado.

Pergunte à Rosalina a história de como conseguiu essas receitas com um sobrinho-neto de Santos Dumont, Jorge Henrique Dumont Dodsworth. Receitas que, segundo Jorge, o tio adorava, como a farofa de frutas cristalizadas e o suflê de goiabada ou de geléia de goiaba.

O pernil de porco da Fazenda União

Da época da culinária escrava dos tempos do café, a fazenda oferece o pastel de angu (massa de fubá com polvilho e ovos; recheio de carne-seca) e o funduntum, feito com canjiquinha (milho moído em moinho de pedra) e recheado com carne de porco (ou frango) refogada, com agrião.

No mais, a base é a culinária mineira mesmo, e explica-se: muitos dos barões do café vieram de Minas. O carro-chefe é um tal pernil de porco, com batatas caramelizadas (com açúcar mascavo e especiarias) ao forno e farofa. O pernil fica marinando num tempero feito com louro, suco de limão, especiarias, alho e pimenta-do-reino durante dois dias, antes de ir para o forno a lenha, no qual fica durante várias horas, assando lentamente.

Mas o variado cardápio tem mais: carne-seca; frango cozido com mel, alecrim e mostarda; frango ao vinho (temperado no vinho, grelhado na manteiga e azeite; depois, ao forno com creme de leite fresco); bacalhau (trazido pelos portugueses, era muito consumido no Brasil Colonial); paçoca de carne (feita com farinha de milho); tilápia grelhada com purê de banana ou aspargos ou palmito natural; abobrinha recheada com melado, nata de queijo-de-minas, farinha de rosca e queijo; pato; licores; cachaça e doce de laranja cristalizada, que demora uma semana para fazer, como antigamente.

Hospedar-se na União é participar de um festival gastronômico por dia. "Costumo pesquisar o perfil do hóspede para fazer um prato, pois tem gente, por exemplo, que não come carne de porco", diz

Broa de Milho

Rosalina. Por falar em pesquisa, ela tem um cardápio todo especial com café: um delicioso pudim de café, bolo, musse, um molho especial para acompanhar doces e um especial licor de café, "muito consumido no tempo do Ciclo do Café", informa.

Vamos fechar o nosso cardápio com o café-da-manhã. Para começar, a maior parte dos pães é feita na fazenda, como também a fantástica broa de milho, o pão de queijo, o queijo, as geléias. Como também são da fazenda o leite, o mel (o apiário fica dentro da mata) e a divina manteiga. A fazenda produz várias outras coisas, como aves, porco, verduras e hortaliças orgânicas. O que não produz ou falta, Rosalina consegue nas fazendas vizinhas, principalmente nas fazendas da família, como uma cachaça de alambique que vem da fazenda de um dos irmãos. Rosalina procura trabalhar sempre com produtos regionais e naturais.

A União fica a cerca de cinco quilômetros do Centro da cidade. Para chegar até lá, pega-se a Estrada do Abarracamento, uma via alternativa que liga Rio das Flores a Vassouras e Paraíba do Sul. A partir da saída da cidade, são dois quilômetros no asfalto e mais um em estrada de terra, até a entrada da fazenda.

Meio italiana, meio mineira

Uma comida meio italiana, meio mineira. Com esse cardápio, a italiana Déborah Japelli recebe os grupos de turistas em sua Fazenda Campos Elíseos. Ela está no Brasil desde 2000 e veio por influência da família. "Meus tios sempre foram apaixonados pelo Brasil, alguns deles vieram morar aqui há muitos anos e eu resolvi segui-los."

A Campos Elíseos é uma fazenda de 1851 e passou por várias mãos até ser comprada na década de 1960 por Marcos Vieira da Cunha, bisneto do Visconde de Ipiabas, que restaurou essa e outras fazendas da região. Há alguns anos, foi comprada pela família de Déborah, que a reformou totalmente, mantendo o estilo da época, transformando-a em uma fazenda histórica, que hospeda no esquema de turismo de habitação.

Na cozinha, Déborah dá o tempero ítalo-brasileiro na medida certa, segundo ela própria explica, fazendo "adaptações sem comprometer as receitas originais". Um exemplo é o tiramisu, que faz muito sucesso entre os visitantes. Originalmente feito com queijo mascarpone, esse famoso doce italiano, parecido com o pavê, ali é feito com o brasileiríssimo requeijão. "Dá muito certo substituir um pelo outro. A sobremesa, que também leva cacau, café e açúcar, fica com a consistência de cheesecake", diz a gourmande. "Tiramisu", para quem não conhece, é uma expressão que quer dizer "levanta-te" ou "escolha-me". Um dos motivos: a inclusão da cafeína, elemento estimulante.

Na fazenda também é possível degustar um caprichado café colonial, com pães, doces e bolos, ou, ainda, almoçar. O cardápio tem desde a torta de abobrinha e pães recheados até a leitoa assada – que tem um preparo mais requintado e é servida mediante pedido prévio. Déborah revela que "a carne é posta para assar na madrugada anterior ao almoço", por isso deve ser encomendada com antecedência de alguns dias. Para quem gosta de cachaça, lá é produzida e vendida a artesanal Sinhazinha. O charme do restaurante fica por conta do local em que está instalado: no porão da casa da fazenda.

O lazer ainda inclui pesca no açude, trilhas ecológicas, banho de cachoeira e piscina, visitas ao pomar e à horta e ordenha para retirada de leite fresquinho.

Vale ainda destacar que há um canil. Para quem se interessar pela hospedagem, Déborah indica que é preciso gostar de animais: "Criamos cães das raças *golden retriever* e *pug*. Por isso, quem vier para cá tem que ser amante de cães e gatos, que estão por toda parte."

Comida da roça

A Fazenda Santo Inácio não é bem uma fazenda histórica. Antiga ela é, de 1835, mas já passou por diversas transformações e perdeu um pouco da arquitetura original. Contudo, é muito agradável de se estar, principalmente se for para degustação do que a professora Vera Vale denomina "comida da roça", uma especial e deliciosa comida, diga-se de passagem. Podemos começar pelo chouriço de porco, preparado, com todo o cuidado do mundo, por ela e seu braço direito, a cozinheira Izabel. Tudo bem, não é todo mundo que gosta desse tipo de embutido feito com sangue de porco (criado na própria fazenda), mas, siga o conselho, dê ao menos uma provada.

O chouriço de Vera Vale

O sangue de porco talhado com limão é temperado com pimenta, sal e cheiro-verde. Em seguida, embute-se na tripa do porco, que foi muito bem lavada com limão, fubá e água. Cozinha-se o chouriço e, na hora de comer, frita-se. Muito bom.

Até o início de 2006, a Santo Inácio era "apenas" uma fazenda de produção: porco, aves, ovos, queijo, feijão, hortaliças, verduras e, principalmente, leite. Celso, o proprietário e marido de Vera, passava a semana toda na fazenda. Dona Vera, com a filha Ana Célia, o genro e as netas, na cidade. Até que ela, cozinheira das melhores, resolveu fazer da fazenda a casa da família e, por que não?, abrir a cozinha da fazenda, e seu imponente fogão a lenha para o público.

Assim, basta telefonar, falar com a própria dona Vera ou Ana Célia, fazer a reserva e, por R$ 15,00, se fartar de comer uma boa comida. Se quiser, pode até encomendar o cardápio, que tem, entre outras coisas, o seguinte: feijão-

O chouriço (à esquerda) da dona Vera

preto (da fazenda), feijão-branco com dobradinha, lingüiça, feijão-tropeiro, quiabada com frango caipira, pernil, leitoa assada, costelinha, arroz com suã (a espinha dorsal do porco), macarrão com frango da roça, galinhada com feijão-branco, canjiquinha com costelinha, angu assado, coisas assim. "As pessoas chegam e logo pedem um ovinho frito", diz dona Vera, fazendo propaganda do seu ovo caipira.

Existe um tal de arroz marimbondo: arroz com caroço de feijão, torresmo, lingüiça, ovos, muito cheiro-verde e, para justificar o nome, pimenta. O tal de galopé, criação de dona Vera, é um ensopado de galo com pé de porco cozido.

Ainda tem as sobremesas, principalmente o doce de leite, bem molinho, quase líquido, dá até para beber no copo, pouco açúcar (um quilo para dez litros de leite). Depois do doce de leite, o mais pedido é o pudim de café. A lista segue com as compotas de mamão e de abóbora, a goiabada, o pudim de leite, o arroz-doce, a rabanada, a pessegada, o curau de milho verde e os doces de laranja, de figo e de coco. Tudo pode ser acompanhado do queijo-de-minas feito no Laticínio Rio das Flores (Fazenda do Degredo), do irmão de Celso, que fica pouco antes da entrada da fazenda e produz o queijo Rio das Flores.

A entrada da Santo Antônio fica logo depois do pórtico da cidade, para quem vem de Valença. Depois do pórtico, é só entrar na primeira à esquerda, estrada que fica ao lado do Laticínio Rio das Flores/Fazenda do Degredo.

O bacalhau do Escondidinho

O ambiente simples e aconchegante é ponto de encontro conhecido na cidade. Muitos vão ao Escondidinho para saborear o carro-chefe da casa, o bacalhau à portuguesa. Sob a supervisão de Rosa Maria Lopes, o restaurante apresenta as versões à Gomes de Sá e assado com batatas ao murro (cozidas com a casca, amassadinhas, com um banho de azeite fervente e lascas de alho frito). Ambos são servidos para dois. No cardápio, outros pratos da cozinha mineira estão entre as opções.

Para sobremesa, o destaque fica por conta do pudim de café. "O pessoal que vem sempre elogia muito", orgulha-se Rosa Maria. A receita foi criada para integrar ao menu o produto cuja história é a marca registrada da região. Assim como a Cachaça do Juca das Palmeiras. "Ele já morreu, mas a produção continua, e como é boa e artesanal, a gente serve e vende aqui", dá a dica.

Baronesa do Vale

Por falar em cachaça, vamos fazer uma visita ao Sítio Santa Luzia, a três quilômetros do Centro da cidade, na RJ-145 (liga Rio das Flores a Manoel Duarte), onde o ex-metalúrgico Carlinhos Figueiredo produz, em seu pequeno alambique, a Baronesa do Vale. Com toda a paciência do mundo, Carlinhos recebe com prazer os visitantes que queiram conhecer o processo de produção da cachaça, vendo a moagem, a maturação e a destilação, em alambique de cobre.

Depois que se aposentou, há três anos, Carlinhos começou a produzir a Baronesa. Para a fermentação do caldo-de-cana, usa fubá e farelo de arroz. Depois de destilada, a cachaça fica maturando oito meses em barris de jequitibá e castanha-do-pará. A garrafa da Baronesa custa R$ 10,00 e pode ser comprada ali mesmo.

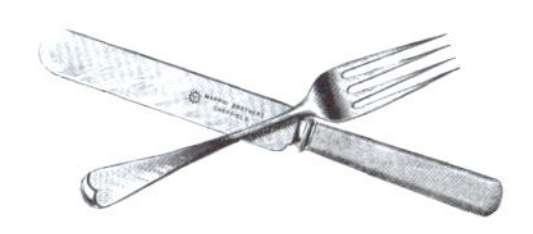

Endereços e telefones

Bar do Peixe

R. XV de Novembro 242 – Centro. Tel.: (24) 2431-1610

www.bardopeixepirai.kit.net

Cachaça Magnífica/Fazenda do Anil

Est. do Anil 4.000. Tels.: (21) 2508-9042 e (24) 2484-2904

www.cachacamagnifica.com.br

Cachoeira de Cachaça

Est. da Cachoeira 3.102. Tels.: (24) 2884-4964, (11) 3081-0970 e 9289-2177 (Roberto)

bonfimagricultura@terra.com.br

Casa do Mamão

Rd. Presidente Dutra km 237. Tel.: (24) 2431-1620

www.casadomamao.com.br

Casa do Manequinho

R. Barão do Piraí 90 – Centro.
Tel.: (24) 2431-9900

Centro de Piscicultura

(venda de filés de tilápia e também do peixe inteiro, limpo)
Av. Guadalajara 39 – Centro.
Tel.: (24) 2431-3216

Doceria Comilâncias

R. Deputado Bernardes Neto 152 – Shopping Florescer, Centro.
Tels.: (24) 2485-2401 e 2484-5085

Doces Carmem

R. Dr. Pedro Saulo 70 – Remanso.
Tel.: (24) 2484-2933

Escondidinho

Rd. RJ-145 s/n – Centro.
Tel.: (24) 2458-1037
É fácil de achar, embora fique bem escondidinho. Uma placa auxilia a identificação do local. Abre às sextas e aos sábados para almoço e jantar, e, aos domingos e em feriados nacionais, somente para o almoço.

Fazenda Campos Elíseos

Est. do Guarita 2.800 – Sebastião de Lacerda.
Tel.: (24) 2488-2014
www.fazendacamposeliseos.com
info@azendacamposeliseos.com

Fazenda da Taquara

Est. Barra do Piraí–Valença km 44,5.
Tels.: (24) 2443-1221 e 2443-1231
www.fazendadataquara.com.br

Fazenda Santo Inácio

Est. RJ-145 (Valença–Rio das Flores) s/nº – Rio das Flores.
Referência: Fazenda do Degredo Laticínios, logo após o pórtico de entrada da cidade. Tel.: (24) 2458-1307

Fazenda União

Est. do Abarracamento km 3,5.

Tels.: (24) 2458-4102, 2453-4145, 9845-7351 e 9915-1210

fazendauniao@yahoo.com.br

Fazenda do Alemão

Av. Saputizeiro s/n – Jabuticabeira (Cinco Lagos).

Tels.: (24) 2465-5050, 2465-1103 e 9219-3366

www.fazendadoalemao.com.br

fazendadoalemao@uol.com.br

Fazenda São João da Prosperidade

Est. Barra do Piraí–Ipiabas km 7.

Tels.: (24) 2442-3194 e 9967-0333

fazendaprosperidade@hotmail.com

Fazenda Terra Verde

Est. Eduardo Pereira Dias 14.000 – Ponte Coberta – Paracambi.

Tels.: (21) 9138-0674, 9295-6192 e 9986-8449

www.terraverde.hpg.com.br

O acesso se dá pela Saída 219 (Ponte Coberta), km 218 da Via Dutra, sentido Rio–São Paulo.

Hotel Fazenda Galo Vermelho

Rd. RJ-121 6.814.

Tels.: (24) 2471-1244 e 2471-7200

www.hotelfazendagalovermelho.com.br

Laticínios Manoel Borges

Est. Rio Pardo 4.295 – Quilombo (Rio Pardo).

Tels.: (24) 2485-1826 e 9968-6531

Visitação gratuita, de segunda a sábado, das 7h às 17h.

Museu da Cachaça

R. Nova Mantiquira 227.

Tel.: (24) 2485-1475

www.muca.com.br

Quindim da Dita
R. da Olaria 581 - Goiabal.
Tel.: (24) 2485-1003

Reserva Aroeira
Tels.: (24) 2465-6037 e 2465-1642
www.reservaaroeira.com.br
www.tribeca.agr.br

Restaurante Colonial
Pça. XV de Novembro 557.
Tel.: (24) 2453-2633

Secretaria de Ação Social
R. do Recanto 35 - Centro.
Tel.: (24) 2485-2726

Sítio Alvorada/Cachaça Paracambicana
Est. Eduardo Pereira Dias 11.643 - Ponte Coberta, Paracambi.
Tel.: (24) 2683-3522

Sítio das Goiabas
Est. Velha do Guaribu 1.600 - Granja Califórnia.
Tel.: (24) 2487-3086

Sítio Santa Luzia/Baronesa do Vale
Rd. RJ-145 km 95.
Tel.: (24) 2458-0194
cfigueiredoferreira@yahoo.com.br

Sítio Solidão
R. Zélia 12 - Centro.
Tel.: (24) 2484-2404
www.sitiosolidao.com.br

Summer Garden
R. Bruno Lucci 909.
Tel.: (24) 2484-1814
www.summergarden.com.br

Tortas Adriana

R. Pio XII 58 – Centro.

Tels.: (24) 9967-7053 e 2431-0257

Tribeca (Macanuts do Brasil)/Fazenda Santa Marta

Est. Piraí–Pinheiral km 10,5.

Tels: (21) 3333-1144 e 3333-1186

Tuareg Rafting & Expedições

Tels.: (21) 2238-0230 e 2570-4413

www.tuaregrafting.com.br

Vivenda Les 4 Saisons

R. João Cordeiro da Costa e Silva 5 – Graminha.

Tels.: (24) 2463-2892 e (21) 9963-8354

www.les4saisons.com.br

Sabores da Costa Verde

(Ilha Grande e Paraty)

Região rica de belezas e sabores

Ilha Grande, simplesmente linda

Paraty: sabor com História e cultura

Região rica de belezas e sabores

Ilha Grande (município de Angra dos Reis) e Paraty ficam na chamada Costa Verde do Estado do Rio, lugar de praias lindas, de um lado, e montanhas de Mata Atlântica exuberante, do outro. Verde que se espalha nas 365 ilhas da Baía da Ilha Grande, verde presente também nas praias distantes e quase desertas de Paraty.

A culinária da região, como não poderia deixar de ser, tem como base os frutos do mar, encontrados fartamente nos restaurantes, como o camarão casadinho, criação de Paraty, terra também de boa cachaça. Na ilha, o visitante pode provar peixes diferentes, como o saboroso capucho.

Moqueca de peixe, Lua e Mar

Ilha Grande, simplesmente linda

A Ilha Grande não é grande só no nome. É grande mesmo, a maior do Estado do Rio e a terceira maior do Brasil. Para se ter uma idéia, é 12 vezes maior do que Fernando de Noronha e tem o tamanho de Aruba, no Caribe. Lugar paradisíaco, com 106 praias, algumas belíssimas, outras praticamente desertas. Na realidade, em algumas épocas do ano, é possível se ter o privilégio de chegar a Lopes Mendes, considerada uma das praias mais bonitas do Brasil, e ter um lugar só para si.

A ilha é coberta, em grande parte, por vegetação de Mata Atlântica e tem, ainda, flora típica de áreas de restinga e de manguezais.

Há problemas? Sim, há, como o difícil e caótico acesso feito pelas barcas e o excesso de pessoas na alta temporada, principalmente nas férias de janeiro e fevereiro e no Carnaval. Mas, aos poucos, a Prefeitura de Angra e o Governo do Estado vão cuidando de melhorar a qualidade de vida na ilha.

A "capital" da ilha é a Vila do Abraão, aonde chegam as barcas que saem de Angra dos Reis e de Mangaratiba, e onde se concentra o maior número de pousadas e restaurantes. Podemos, então, começar o nosso *tour* gastronômico por Abraão, mais especificamente pelo simples, agradável e bem cuidado Lua e Mar, de dona Cidinha. Fica na Praia do Canto, a poucos metros do centro de Abraão, na beira do mar, com uma parte das mesas e cadeiras na areia, à sombra de amendoeiras. Dona Cidinha explica que não foi difícil escolher o nome, que nasceu com a

Anchova frita, Lua e Mar

visão da lua cheia, que explode na cara do Abraão, na cara do Lua e Mar. "Ih, lua e mar, vai ser esse o nome do restaurante!", exclama dona Cidinha.

O restaurante, que funciona desde 1991, serve pratos da cultura caiçara da ilha. A própria Cidinha enche o peito e diz: "Eu sou caiçara mesmo." Da culinária caiçara, ela sugere o peixe com banana, "feito com banana verdoleta", de vez, meio verde, meio madura. "Os gringos adoram", diz. Tem ainda o peixe com banana e camarão.

Mas o grande destaque da casa é a caldeirada de frutos do mar, com polvo, camarão, peixe, lula e vôngole. É assim: faz-se um refogado com alho, cebola, cheiro-verde e tomate picadinho. Depois acrescentam-se os pescados e deixa-se cozinhar durante 15 minutos. Além disso, vale a pena pedir a moqueca de peixe e camarão e o peixe frito (anchova ou pescada).

Ainda no Abraão, vamos a um dos destaques do lugar, o Tropicana, do carioca Mário Oliveira, 45 anos, desde 1993 na Ilha. Mário levou toda a sua experiência adquirida no curso de culinária do Senac Rio e em importantes restaurantes do Rio, como o Saint Honoré e o do Hotel Iberostar Copacabana, antigo Le Méridien, para fazer o que chama de cozinha franco-brasileira. O Tropicana, que também é uma pousada com 15 apartamentos, fica na Rua da Praia, é um lugar bastante agradável e só abre para o jantar. Duas sugestões: camarão ao alho e óleo com mostarda de Dijon e banana caramelizada como sobremesa.

Pegando o barco

Por estarmos em uma ilha, grande parte dos programas e passeios só pode ser feita de barco. Em alguns casos, para se comer bem também há que se pegar um barco, que pode ser um táxi (no caso, uma lancha, é claro, à disposição no Abraão), uma traineira ou um passeio contratado, em grupo. As opções são diversas e os preços variam em relação ao tipo de embarcação, à época do ano e à distância a ser percorrida. Se puder, vá sempre de lancha-táxi - são mais rápidas e oferecem mais privacidade. Os preços variam a partir de R$ 25,00 por pessoa, na alta temporada.

Um dos lugares aconselháveis para um belo passeio e para comer bem é o Saco do Céu, a enseada onde fica o Reis e Magos, restaurante de aparência simples, mas sofisticado na preparação da comida e na freqüência, já que é bastante procurado pelo pessoal que tem casa em Angra dos Reis, como Nelson Piquet, Ana Maria Braga, Luciano Huck, Boni, Ivo Pitanguy, além de outras personalidades, como o governador de Minas, Aécio Neves.

Paella de frutos de mar e moqueca de peixe, Reis e Magos

Para começar, o Saco do Céu é lindo, águas claras, ótimo lugar para banhar-se enquanto se espera a comida. Partindo do restaurante, há uma trilha que nos leva a um mirante de onde se pode apreciar toda a beleza do Saco do Céu. Vale a pena o passeio. Do Abraão ao Saco do Céu gastam-se de dez a trinta minutos, dependendo do tipo de barco.

O Reis e Magos começou como um barzinho, só de madeira e palha, em 1989, fundado pela advogada carioca Eliane Lyrio, já falecida. Quem cuidava da cozinha era seu irmão Ivan, que assumiu a direção do restaurante em 2003.

Xerelete frito, Cantinho da Dona Maria

Um dos atrativos do Reis e Magos é um peixe chamado capucho, da família do peixe-porco, pele de couro em vez de escamas, carne branca, encontrado lá mesmo na Ilha Grande. Pode ser saboreado frito, preferencialmente, ou ensopado. Mas as grandes atrações da casa são a paella de frutos do mar e a moqueca de peixe, ambas servidas em porções fartas para no mínimo duas pessoas. "O peixe grelhado também vale a pena", lembra Ivan.

Entre os petiscos, para iniciar a refeição, Ivan sugere pescados da própria ilha, freqüentemente entregues no restaurante por pescadores locais: camarão grelhado ou ao bafo, casquinha de siri e polvo ao vinagrete.

Outro passeio agradável é à Praia de Fora, a cerca de vinte minutos do Abraão, em frente ao Saco do Céu. Lá está instalado o Cantinho da dona Maria, restaurante simples, que serve pratos saborosos e bem cuidados. À frente do negócio, as irmãs Inácia e Dalva Brito, auxiliadas por filhos e sobrinhos. Ou seja, um negócio familiar em que praticamente só trabalham mulheres (dez, ao todo), com uma única exceção, Miguel, filho de dona Inácia. Como vários outros restaurantes da ilha, o Cantinho também começou bem pequeno, como um simples bar, e foi crescendo.

A família já teve restaurante em Varginha (MG), até que resolveu se mudar para a ilha. "Nascemos vendo a nossa mãe cozinhar; ela foi o nosso curso", informa dona Inácia.

A pedida, para começar, é o xerelete frito, peixe encontrado na ilha. Outras entradas sugeridas: risole de camarão, lula crocante, iscas de peixe (capucho ou cação). Como pratos principais, as opções são: moqueca mista, dourado ao molho de camarão e mexilhão ao molho.

Os doces da ilha

No Abraão o visitante vai encontrar três carrinhos de doces, produzidos artesanalmente na própria ilha. Quem começou com a idéia de fabricar doces na ilha foi o Delso, desde 1998. Depois veio o Antônio com Irani, em 2000. E, finalmente, Antônio com a Bel, mais recentemente. Vale a pena experimentar, pois são sempre frescos e gostosos. Os carrinhos chegam ao entardecer e ficam por ali até o final da noite.

Carrinho de doces no Abraão

Paraty: sabor com História e cultura

Paraty, que faz divisa com a paulista Ubatuba, respira História, cultura e gastronomia. Faz parte da Estrada Real (Caminho Velho) e tinha sua importância por ser o porto de onde eram escoados, para Portugal, o ouro e o diamante que vinham das cidades mineiras, como Diamantina, Serro e Ouro Preto. Começou a ser construída no início do século XVII, mas suas principais construções datam de meados do século XVIII. Segundo a Unesco, a cidade tem o conjunto arquitetônico mais harmonioso do século XVIII do Brasil.

São mais de quatrocentas construções baixas ou assobradadas, com cerca de trezentos anos.

A cidade também é cultura, não só pela sua história, mas pela já famosa Festa Literária Internacional de Paraty (Flip), que, anualmente, reúne escritores, intelectuais e artistas do Brasil e do exterior. Cultura ali é tão importante que a Prefeitura construiu a Casa de Cultura, uma das melhores, mais equipadas e modernas do estado, onde começamos a juntar cultura com gastronomia, ao descobrirmos, numa das gavetas de documentos, os originais dos "Cadernos de Receitas de Deferentes Doces", de 1840, deixado por dona Luísa Alexandrina da Mata Ribeiros, de importante família da cidade, na época. Nos seus "cadernos" vamos encontrar preciosidades como filhos de maçã, pudim, marmelada, não chega para ninguém, brevidades, amorosos e manjar brasileiro. Um achado.

A cidade fica à beira da Baía de Paraty e próxima a lindas praias. Portanto, não deixe de fazer um passeio de barco pela baía e pelas praias. No cais há diversos tipos de embarcações que fazem o passeio. Falar em mar é falar em peixes e camarões.

Camarão casadinho

Os frutos do mar povoam a mesa de restaurantes badalados, procurados pelos muitos turistas que vão em busca do sossego dessa cidade. Em restaurantes como o Banana da Terra, Dona Ondina, Hiltinho e Refúgio, o visitante come peixes, camarões, lulas, mexilhões e a mais conhecida criação do lugar, o famoso camarão casadinho.

Antônio Lapa, o Lapinha, garante que a iguaria foi criada em 1956, por sua mãe. Ele é dono do Trailer do Lapinha, que fica no final da Praia do Pontal, a mais próxima do Centro Histórico, onde se come o saboroso prato por um terço do preço que se paga nos restaurantes da cidade. Ali, na simplicidade da beira do mar, comem-se também lulas recheadas e peixe frito.

Camarão casadinho

É uma receita ao mesmo tempo simples e saborosa. Pegam-se dois camarões bem grandes, tipo VG. Abrem-se as barrigas, que são recheadas com farofa de camarão, refogada com cebola, cheiro-verde e pimenta. Os dois camarões são presos com palitos e postos para fritar em óleo bem quente.

Paraty, sinônimo de cachaça

Houve um tempo em que alguém chegava a um bar, em qualquer ponto do Brasil, e pedia uma parati, ou seja, uma dose de cachaça. A cidade, que começou a produzir pinga de boa qualidade a partir de 1600, chegou a ter mais de cem alambiques. A cachaça fez tanta fama que Paraty foi a mais importante região produtora no Brasil Colônia e custava mais caro que qualquer outra do país.

Embora restem poucos produtores, a cidade organiza, desde 1983, o Festival da Pinga, sempre no mês de agosto. São poucos, mas o produto é de excelente qualidade, segundo atestam os entendidos no assunto.

Uma das marcas, a Coqueiro, foi a primeira cachaça do Rio de Janeiro a receber o selo de excelência do Ministério da Agricultura, projeto de melhoria da qualidade da cachaça artesanal que conta com a parceria do Sebrae/RJ. A Coqueiro é produzida por Eduardo Mello, no Engenho d'Água, há mais de sessenta anos, sempre com o mesmo padrão de qualidade. Afinal, o processo é o mesmo que a família Mello usava há duzentos anos. A cana é colhida manualmente e moída em moendas movidas por roda-d'água. O processo de fermentação é totalmente natural, sem nenhum aditivo químico, e a destilação é feita em alambique de cobre aquecido por fogo a lenha. Além da branca e da envelhecida, a Coqueiro fabrica outros cinco tipos de cachaça, e todas podem ser compradas no engenho, aberto à visitação.

Outra famosa cachaça da região é a Corisco, que também usa roda-d'água para mover a moenda e está igualmente aberta à visitação. As cachaças de Paraty e de outros estados brasileiros podem ser compradas no Empório da Cachaça e no Porto da Pinga, ambos no Centro Histórico.

Outro fabricante de cachaça é a Fazenda Murycana, onde funciona um alambique-escola, aberto à visitação. Mas a Fazenda Murycana ainda revela uma área de lazer com um restaurante de fazenda em que a grande pedida é o leitão, com alternativas para a galinha ao molho pardo e a feijoada. Tudo simples e gostoso.

Endereços e telefones

Banana da Terra

R. Dr. Samuel Costa 129 - Centro Histórico. Tel.: (24) 3371-1725

Cachaças Coqueiro/Engenho d'Água

Fazenda Cabral. Entrada pela Est. Paraty–Ubatuba, a 6,5 quilômetros do trevo de Paraty. Tel.: (24) 3371-1579

Cachaças Corisco
Est. do Corisco (fica a 800 metros da entrada de Paraty, na direção de Ubatuba, logo depois de uma ponte). Tel.: (24) 3371-1162

Cantinho da D. Maria
Praia de Fora. Tel.: (24) 9214-6590
www.ilhagrande.com.br

Dona Ondina
R. do Comércio 32 – Centro Histórico. Tel.: (24) 3371-1584

Empório da Cachaça
R. Samuel Costa 22 – Centro Histórico. Tel.: (24) 3371-6329

Fazenda Murycana
Est. Parati-Cunha km 6 – Ponte Branca. Tels.: (24) 3371-1153 e 3371-2178

Hiltinho
R. Mal. Deodoro 233 – Centro Histórico. Tel.: (24) 3371-1432

Lua e Mar
Praia do Canto. Tels.: (24) 3361-5113 e 3361-5761
lua.e.mar@uol. com.br

Porto da Pinga
R. da Matriz – Centro Histórico. Tel.: (24) 3371-1310

Refúgio
Pça. do Porto 1 (em frente ao cais do Porto). Tel.: (24) 3371-2447

Reis e Magos
Saco do Céu. Tels.: (24) 9979-0897, 9258-2490, 9258-2490 e (21) 9991-2027
www.reisemagos.com

Trailer do Lapinha
Praia do Pontal

Tropicana
R. da Praia 28. Tels.: (24) 3361-5110, 3361-5047 e 3361-5003

Sabores da Costa do Sol

(Arraial do Cabo, Rio das Ostras, Macaé e Quissamã)

6

Uma região encantada

Lagosta grelhada, Lagostão

A Costa do Sol é a região encantada do litoral fluminense que vai de Maricá, logo depois de Niterói, a Quissamã, no norte do estado. Belas praias, lagoas, lindos recantos, muito sol (claro, para justificar o nome) praticamente o ano todo. As praias e as paisagens têm sido descritas e faladas. Mas, além dessa beleza toda, há uma gastronomia peculiar e interessante em vários desses lugares. Sabores que muita gente deixa de experimentar e, sem querer, perde a oportunidade de se deliciar e conhecer um pouco mais sobre o Rio de Janeiro.

Ostras e mexilhões em Arraial do Cabo

Nossa viagem gastronômica da Costa do Sol começa por Arraial do Cabo, ex-distrito de Cabo Frio e considerada a capital do mergulho no Brasil. Em um mar de águas sempre claras, quem gosta de mergulhar se encanta com as centenas de peixes coloridos, corais, tartarugas (que sempre aparecem na flor-d'água, já que precisam respirar), golfinhos e embarcações naufragadas.

Ali há um bar diferente, um restaurante no meio do mar, águas cristalinas por toda parte, tartarugas marinhas e cardumes de peixes aos seus pés. Você está no Restaurante Flutuante de Arraial do Cabo. Poucos metros à frente, está o cultivo de ostras, vieiras e mexilhões especialmente colhidos para preparar o prato que você escolheu.

Para chegar a esse local de exuberância marinha – tanto visual quanto degustativa – pegue um barco e deixe a maré levá-lo. Em Arraial, sua preocupação vai ser encontrar um golfinho, segurar o queixo ao entrar na Gruta Azul, descobrir a melhor posição para se bronzear nas areias branquinhas da Praia do Farol ou resolver o que está com vontade de comer: mexilhão, lula, siri, ostra, peixe, camarão? Não conseguiu decidir, tudo bem, peça o menu-degustação do Flutuante, que vem com tudo isso.

O lugar de partida é o cais, onde barcos pesqueiros estarão disponíveis para levar os turistas às atrações – Praia do Farol, do Forno, Boqueirão (um canal entre a ilha e o continente), Gruta Azul e prainhas –, todas convidativas a permanecer lá eternamente. Durante o passeio, uma das paradas é o Restaurante Flutuante, que fica na enseada, ou melhor, num recanto da Praia do Forno.

É lá que se podem comer os frutos do mar recém-pescados ou coletados do cultivo privado do restaurante. São três hectares submarinos de cultura de ostras, mexilhões e vieiras. É possível ter uma idéia do processo num espaço aberto, no deque, chamado balsa de manejo. Nessa balsa estão penduradas algumas lanternas e meias (tipos de rede) nas quais as iguarias se reproduzem. A ostra come-se viva e, para os mais ousados, os mexilhões também. Se você não quer exceder-se tanto, experimente-os à provençal. Há também pratos de anchova e peixe-espada e dourado, servidos em porções generosas.

Se ficou mareado de tanto prazer, no deque do Flutuante há uma escada de acesso ao mar. Além da fulgente transparência, a temperatura da água é perfeita, bem fresquinha, tanto para o ser humano quanto para a ostra, que em Arraial leva apenas seis meses para alcançar o ponto de consumo. Mexilhão é outro que adora a água de Arraial. Basta jogar uma corda que em 15 dias estará repleta de filhotes.

O proprietário do Restaurante Flutuante, Gabriel Simon Vermot, é da parte francesa da Suíça. Vive no Brasil desde 1981 e não perde o sotaque carregado. Ele tem uma trajetória para lá de interessante, como o fato de ter sido pioneiro de um município no Brasil. Essa história

Arraial do Cabo: ostras fresquinhas

começou quando montou uma fazenda de plantio de seringueira, no meio do nada, no norte de Mato Grosso. A cidade mais próxima ficava a duzentos quilômetros. Com o tempo, os funcionários foram comprando os terrenos ao redor da fazenda e a região foi se desenvolvendo, até virar o município União do Sul. Gabriel se cansou da vida rural e decidiu mudar-se para Arraial. Curiosamente, ele comprou o restaurante de um norueguês. O Flutuante sempre esteve nas mãos de estrangeiros.

Delícias e caldos em Rio das Ostras

Nossa próxima parada é em Rio das Ostras, cidade pequena, aconchegante, em que se destacam algumas belas praias. O Restaurante Bartrô, do chef Pedro Rodrigues, é um dos destaques culinários do lugar. Se o tempo contribuir, a sua opção pode ser jantar ao ar livre, sob a lua e as estrelas. Inicialmente, peça um dos famosos caldos da casa: abóbora com hortelã; cenoura, maçã e gengibre; cebola com queijo gratinado; feijão e o tradicional caldo verde. Em seguida, Pedro Rodrigues dá duas sugestões: camarão sobre maçã e curry (acompanha arroz aromático jasmine) e salmão grelhado com manteiga de ervas e batata rosti.

O Bartrô já venceu o Festival de Frutos do Mar de Rio das Ostras. Um dos seus destaques é o premiado Cação da Independência: filé de cação ao vapor, montado com vagem francesa, arroz aromático jasmine e molho de manga e maracujá; digno de ser encomendado. Por ser tão elaborado, é preciso pedi-lo com 24 horas de antecedência.

Já um saudável salmão no sal grosso com salada de folhas e molho de manga sai na hora. É a recomendação atual do proprietário

Bartrô: comida premiada

e chef do restaurante, Pedro Rodrigues. "A gente trabalha com todos os tipos de carnes e está sempre brincando com o cardápio, modificando os pratos e trazendo novidades. O segredo é sempre o mesmo: a qualidade dos ingredientes", explica.

Para beber, seja feliz e peça a especialidade do chef: caipirinha de frutas, que pode ser de carambola, tirada do pé da casa do Pedro, figo, jaboticaba, tangerina, enfim, todas tão delicadas no sabor que enganam no teor alcoólico. Pedimos outra para sermos enganados de novo e de novo.

Outra visita recomendada é o tradicional Bar da Boca, especializado em frutos do mar. Bem decorado, com vista para o encontro do rio com o mar, varandas grandes, debruçadas em deques que entram pela areia, e uma paisagem encantadora, tem cardápio variado.

Tudo é acompanhado de perto pela família Capiberibe – o casal Sônia e Aurélio, e o filho Leonardo. Entre os mais pedidos pelos freqüentadores estão as lulas na chapa, o filé de linguado, o bobó de camarão e o camarão ao catupiri. Há quem suspire pela caldeirada de frutos do mar, caprichada, leva de tudo um pouco, do camarão ao mexilhão, incluindo peixe, lula e polvo, todos produtos locais. A comida japonesa também tem espaço garantido no cardápio e caiu nas graças da clientela.

Há, ainda, o fantástico caldinho de siri do casal Cleonice e Norberto Katwinkel, conhecido por toda a cidade, servido apenas nos fins de semana. Pois o tal caldinho, preparado desde 2001, é um sucesso, com fila na porta da casa deles, numa tranqüila rua da cidade, com cadeiras e barraca montada em frente à residência. Por fim de semana são utilizados cerca de trezentos siris para fazer o caldo, que leva 11 horas para ficar pronto. Tudo feito com a maior simplicidade, carinho e muito sabor.

Todo mundo da cidade já conhece e, aos sábados e domingos, há fila até rasparem a panela; nunca sobrou uma gota para contar a história. "Quando acaba, a gente sai de casa porque ficam batendo na porta pedindo mais caldinho!", conta Cleonice, que explica que não faz mais por causa da trabalheira que dá. Para se ter uma idéia, todo fim de semana ela e o marido viram as noites de sexta e de sábado na cozinha, preparando o famoso caldo. Antes disso, ainda é preciso ferver os siris para retirar a carne. Eles fazem questão de escolher os siris pessoalmente e, toda semana, vão a Macaé comprar diretamente com os pescadores. Sim, é um processo um tanto cansativo, mas feito com muito carinho. "A gente faz como se fosse para nós mesmos, bem caseiro. É uma satisfação ver que o pessoal gosta tanto."

Festival

Rio das Ostras realiza todo ano, em setembro, o Festival de Frutos do Mar, durante o qual os drinques e pratos podem ser apreciados. Também há *workshops* com mestres da culinária. Cada estabelecimento deve criar um prato para que a comissão julgadora eleja o melhor. O chef carioca José Hugo Celidônio participa todos os anos.

O lagostão de Macaé

Graças ao petróleo, Macaé tem crescido muito. Prédios novos, novos hotéis, muitos estrangeiros chegando e uma variedade razoável de bons restaurantes. Macaé está em plena ascensão e suas opções de diversão também, com numerosas praias, limpas e belas.

Mas quem se destaca mesmo é um lugar longe das praias e do Centro da cidade, um restaurante que fica num bairro chamado Campo D'Oeste: o Lagostão, cuja especialidade é, claro, lagosta. O cliente escolhe a lagosta (ou as lagostas) ainda vivas em um tanque. Lagostas enormes, preparadas na frente do cliente em fogão a lenha, tudo muito saboroso e "feito com carinho", como atesta Eliane Marquiote, a proprietária.

Seu olfato vai se surpreender com o aroma que emana do fogão. Você pode assistir passo a passo à criação do seu prato e ouvir o revirar do filé até ficar no ponto perfeito para ser servido. E, para explorar o tato, não se acanhe, coma com as mãos. O ambiente se presta a isso, é um lugar informal, freqüentado por quem quer uma boa refeição, simples assim.

Outra vantagem do Lagostão são os bons preços, mais que justos para o tamanho das porções e a qualidade dos pratos. No cardápio, há moquecas, camarão, caldo de polvo, mariscos e filé de peixes preparados de várias maneiras, e o prato da casa: lagosta na manteiga, cebola e alho.

O Lagostão foi criado pelo pescador e chef Kássio Luís Xavier. Ele mesmo pegava as lagostas e parte do peixe que era consumido no restaurante. No começo, eram poucas mesas, dispostas na frente de casa. Como todo bom estabelecimento, cresceu rapidamente e hoje atende 160 pessoas diariamente. A prática de cozinha era dos tempos de criança, quando preparava os pratos para o grupo de escoteiros ao qual pertencia. Kássio foi morto em 2005 ao tentar evitar um assalto a um conhecido. Agora, Eliane Marquiote, sua esposa, que sempre o acompanhou no preparo dos pratos e na administração, dá continuidade ao negócio.

Macaé é um dos principais pólos pesqueiros do Rio de Janeiro e abastece, com a sua variedade de frutos do mar, os restaurantes da cidade e de outros estados brasileiros.

O grande potencial turístico do município fez com que fosse despertada a gastronomia local. Os nomes dos restaurantes já sugerem as especialidades servidas nas casas que se destacam como as boas pedidas da região.

No Mariscos, por exemplo, localizado na Praia dos Cavaleiros, pode-se degustar uma caldeirada ou uma parrilhada de frutos do mar, com a produção acompanhada de perto pela dona Adelaide Neves, proprietária e cozinheira. Segundo ela, apesar de serem essas as especialidades mais procuradas, os

que preferem carne vermelha têm como opções a picanha na chapa e o medalhão à piemontese, que "também garantem a fidelidade da clientela".

Ainda na orla dos Cavaleiros está o Ilhote Sul, que leva o nome de uma das belas ilhas que decoram o litoral macaense. Lá, além dos famosíssimos bolinhos de bacalhau e casquinhas de siri, considerados carros-chefe, se podem comer o especial grelhado de frutos do mar e a moqueca Arquipélago de Sant'Anna. Há peixe, camarão, mexilhões, lula, polvo e lagosta, em pratos servidos para dois, de dar água na boca. Para arrematar, as pedidas são o romeu-e-julieta, com goiabada cascão derretida e sorvete de queijo, e o brownie artesanal, feito lá mesmo. Os proprietários, os irmãos Renato e Gerson Martins, também estão à frente do mais recente estabelecimento e próximo na localização, o Lucca Ristorante, de comida mediterrânea. No cardápio, pratos com frutos do mar.

Outro que vale a pena conferir é o Albatroz, no qual a paella de frutos do mar é a estrela. O filé de linguado à Eromildes Monteiro, à milanesa, recheado com catupiri e alcaparras, também

Pitus no mercado de peixe

concorre entre os mais pedidos. No cardápio, há variedade para todos os gostos, desde frutos do mar até as carnes.

Já que você está em Macaé, não deixe de fazer uma visita (e, quem sabe, umas compras básicas) ao mercado de peixe, um dos mais limpos e organizados do estado. Dependendo do dia e do horário, lá você vai encontrar os pitus e lagostins vivos que vêm dos rios do Sana (região de serra de Macaé) e lagostas igualmente vivas. É um dos poucos lugares em que você pode comprar pargo, cação, cherne, linguado e dourado fresquíssimos. Você escolhe a dedo o mais belo peixe, perfeito para aquela receita especial que não pode fazer todos os dias. Pegue um isopor e vá às compras.

Na Serra

Na região serrana de Macaé, a gastronomia também tem espaço garantido. Localizada entre os municípios de Trajano de Morais, Macaé, Casimiro de Abreu e Nova Friburgo, o Sana é um paraíso no meio da Mata Atlântica, na Serra do Mar. Transformado em Área de Proteção Ambiental, é local procurado por quem quer fugir da cidade e curtir o turismo de aventura.

Ficou conhecida como região cafeeira de colonização suíça, no início do século passado. Nos anos 1970, foi habitada por uma comunidade hippie. Só em 1986 chegou a eletricidade no local e foi a

Cachoeira no Sana

partir de 1990 que passou a ser mais conhecida. Lembra Visconde de Mauá, pela mata abundante e cachoeiras encantadoras.

A pequena população vive ao redor da única rua que atravessa a cidadezinha e segue até a beira do rio. O foco está em preservar a paz e a tranqüilidade e fazer uso responsável da natureza, apostando no ecoturismo, organizado e consciente, e promovendo o desenvolvimento sem prejudicar as características originais. Quem faz as honras do lugarejo para o visitante é o Rio Peito-de-Pombo, que, com as águas cristalinas, forma cachoeiras belíssimas. A simplicidade do arraial está em cada detalhe, desde as belezas naturais até a deliciosa comidinha preparada no fogão a lenha. Uma calma que faz esquecer a proximidade com a cidade grande.

No Arraial do Sana, a massa caseira do Alquimia é a melhor pedida. O gaúcho Paulo Rogério, o Gui, como é conhecido carinhosamente pela população e pelos turistas, não tem dúvida: "O nosso forte são as massas." A massa, feita lá em cima mesmo, faz sucesso. Mas o orgulho da casa é um interessante nhoque de aipim, servido com molho de tomate. "O aipim, orgânico, é do nosso sítio. Antes a gente fazia o nhoque tradicional, de batata, mas, depois que lançamos o de aipim, esquecemos o outro." O nhoque é servido com um molho de tomate, caseiro, que demora horas para ser feito. "Nada de pomarola, essas coisas prontas", informa Gui.

Gui saiu de Porto Alegre em 1984 e, no Sana, conheceu Elecir, de lá mesmo. Casou e ficou no lugarejo. Por volta de 1993, o casal abriu o Alquimia e não quer outra vida.

Em Glicério, também na região serrana de Macaé, as corredeiras tornaram-se famosas para a prática de canoagem, principalmente por causa da antiga usina de eletricidade das imediações. A diversão, criada pela comunidade local, é o esporte denominado "boiagem", que consiste em descer as corredeiras em bóias feitas de pneus de automóveis.

Lá, a dica vai para a comidinha caseira servida pelo Paulo, no Cabala. Entre os pratos mais procurados, está o carrê de tutu – tutu, mais o carrê, acompanhados pela farofa de banana, couve mineira e dois ovos, autênticos da roça. O feijão também é de lá e se sobressai em qualquer prato. O Cabala também é conhecido pelos doces feitos com frutas da estação, que podem ser encomendados em quantidades maiores, com um dia de antecedência.

Na Serra de Macaé há um probleminha: a precária condição de algumas estradas. Os vinte quilômetros que ligam o Sana a Glicério, por exemplo, estão muito ruins.

Para chegar ao Sana, é só pegar a estrada (há placas) que sai da BR-101, lado oposto à entrada de Macaé. Mas, para quem vai do Rio de Janeiro, o melhor é subir a serra a partir de Casimiro de Abreu, também na BR-101, pegando a Estrada Serra Mar. Até o Sana são cerca de trinta quilômetros, sendo dez em asfalto. O percurso de Casimiro de Abreu ao Sana dura no máximo quarenta minutos.

Da África, do mar, da lagoa e do açúcar

Quissamã é tradicional na produção de doces caseiros, destacando-se o pastel de nata e o quindim. São encontrados em muitos lugares, em bares, em restaurantes e nas casas das doceiras. No Centro da cidade, você pode apreciá-los no Requinte Bar.

Em Quissamã também se encontra com fartura um tipo de marisco que dá na areia, chamado sarnambi, com o qual dona Marta e seu Darci, donos de quiosques na Praia de João Francisco, preparam um gostoso e famoso pastel, conhecido como pastel de marisco.

Capitão de feijão e outras iguarias afrodescendentes

Mas Quissamã, além de tudo, tem um projeto muito interessante, chamado Raízes do Sabor, que resgata a culinária afro-descendente presente nas senzalas das antigas fazendas de cana-de-açúcar. O projeto é desenvolvido com os descendentes de escravos da Fazenda Machadinha, construída no século XIX, que continuam vivendo nas antigas senzalas.

As receitas estavam na cabeça de Carlos do Patrocínio, que as aprendeu com o avô, último cozinheiro da fazenda. Darlene Monteiro, gerente executiva da ONG Harmonia, Homem e Habitat, com o apoio da Prefeitura de Quissamã, resgatou os pratos e, hoje, uma visita guiada à fazenda permitirá que o turista conheça o "mulato velho", uma feijoada especial, feita com filé de peixe salgado e pedaços de abóbora; a sopa de leite (carne-seca assada coberta com pirão de leite); o "capitão de feijão", bolinho de feijão temperado; tapioca com sassá, um tipo de peixe pequeno; o "bolo falso" (farinha de mandioca, queijo, ovos, coco, manteiga e leite); e a sanema, doce feito com mandioca, ovos, coco e manteiga batida. A massa é enrolada e assada dentro da folha verde da bananeira.

As histórias são muitas, como a do "capitão de feijão", que dispensa acompanhamentos. Dá para comer com a mão. Reza a lenda que a cozinheira, propositalmente, colocava mais feijão no fogo do que o necessário para a casa-grande e ainda metia muita carne, porque a família gostava era de "feijão gordo". Como não havia geladeira, as sobras eram mandadas para as senzalas. A escrava acrescentava água e farinha para engrossar e fazer uma espécie de pirão. Desse pirão, ela moldava os bolinhos e alimentava as crianças enquanto cantava canções em iorubá.

As narrativas continuam e chegam às sobremesas. O "bolo falso" não tem esse nome por acaso. Num belo dia, a sinhá, grávida, teve um louco desejo de comer bolo de aipim. Mas não era época de "ranca", como era chamada a colheita, e o cozinheiro teve de se virar com o que tinha. Inventou o bolo de farinha de mandioca e adicionou queijo, ovos, coco, manteiga e leite. Se a sinhá desconfiou, não se sabe, mas ficou tão bom que a receita tornou-se definitiva.

Já a sanema, doce feito também da farinha de mandioca, seria a receita mais miscigenada, com ingredientes europeus, como o cravo-da-índia, e indígenas, como a própria mandioca e a folha de

Sanema

bananeira. Os africanos fizeram a saborosa mescla, agregando ovos, coco e manteiga batida. A mistura é enrolada e assada dentro da folha verde. O resultado é um doce suave, numa massa densa e macia.

O conjunto da Fazenda Machadinha é composto pelas ruínas do solar construído pelo Visconde de Ururaí em 1867, pela Capela de Nossa Senhora do Patrocínio (1833) e por dois blocos de senzala. Quem a construiu foi o visconde, mas quem perseverou foram os escravos. Seus descendentes continuam vivendo na antiga senzala, que mantém a estrutura original e, hoje, é o lar da comunidade.

A herança gastronômica, cultural e histórica de Quissamã vem das antigas fazendas de cana-de-açúcar. Foi no período do Ciclo Açucareiro que o município viveu seus dias de esplendor – época de escravidão, viscondes e duquesas. Muitas construções estão bem preservadas e vale programar um *tour* pelas antigas casas-grandes. São mais de vinte, destacando-se a Casa de Mato de Pipa, de 1777; a Fazenda Santa Francisca, de 1852; o Solar da Mandiqüera, de 1875; a Fazenda São Manoel, de 1886; a Fazenda Floresta, de 1893; e o Museu Casa de Quissamã, de 1826, que pertenceu ao Visconde de Quissamã. Restaurado pela Prefeitura, lá funciona o principal espaço cultural da cidade.

Diversidade

A diversidade de roteiros é uma marca da cidade de Quissamã. Os que gostam de turismo ecológico podem se aventurar em passeios de barco, que oferecem diversos trajetos. Para os que gostam de História e cultura, a agência local organiza visitas guiadas aos casarões históricos do Ciclo da Cana-de-açúcar, espaços de cultura e ao museu. Há, ainda, praias encravadas num santuário ecológico, que é o Parque Nacional da Restinga de Jurubatiba. Em cada ponto, roteiros com sabores diferentes, vale conferir.

De barco pode-se atravessar a Lagoa Feia, que de feia só tem o nome, e adentrar o Canal das Flechas, chegando à Barra do Furado, pequena vila de pescadores situada no litoral norte de Quissamã. O canal forma uma barra permanente com o mar. Conhecida pelos moradores locais como barrinha, é um ótimo local para banho.

Depois da aventura, a grande pedida é apreciar o maravilhoso robalo preparado com todo carinho pela tia Liete, que também faz a moqueca mais famosa da região. Como entrada, a dica é a porção de pitu, temperado com azeite e alho. Para quem gosta, a cachaça de camboim ou de salsinha são boas pedidas. Essas ervas nativas da restinga quissamaense deixam a cachaça com o sabor suave – no linguajar dos moradores, tiram a "maldade" da cachaça.

O único parque nacional de restinga do mundo, o Jurubatiba, abrange os municípios de Quissamã, Macaé e Carapebus, sendo 65% em Quissamã; é um dos atrativos mais interessantes da cidade. Apesar de a entrada ainda não estar liberada pelo Ibama, o turista pode seguir até os bolsões encravados no parque e apreciar a riqueza da fauna e da flora nativas de rara biodiversidade. A Praia de João Francisco localiza-se em um desses bolsões, cercada pela natureza exuberante do parque. A praia fica a 14 quilômetros do Centro de Quissamã. Com estrada bem sinalizada e de fácil acesso, quiosques à beira-mar, banheiros públicos, eventos esportivos e culturais durante o verão, a praia tem a infra-estrutura necessária para o turista curtir a beleza selvagem do local.

Pastel de marisco

Quem visita João Francisco não pode deixar de experimentar o pastel de marisco oferecido pelos bares e quiosques da praia. Para quem não sabe, esse marisco, também conhecido como sarnambi, é um molusco encontrado em praias em que a poluição ainda não aportou. De formato triangular, pode ser comido simplesmente cozido, mas, em João Francisco, os donos de bares e quiosques elaboraram receitas que merecem destaque na gastronomia da região.

Dona Marta explica que são necessários alguns cuidados para preparar a iguaria. "Primeiro, é preciso limpar bem, tirando a parte pretinha do marisco; depois, lavar em água corrente para tirar toda a areia. Dá muito trabalho." Depois de limpo, refoga-se o marisco com pimentão, tomate, cebola, coentro e sal. Está pronto o recheio do pastel que tem fama de ser afrodisíaco na região. Ela diz que é bom acrescentar um pouco de água do mar para o marisco ficar com mais gosto. É também utilizado em moquequinhas e risotos deliciosos feitos pela dona Marta, que também são encontrados em outros quiosques, como o do seu Darcy, e no Restaurante do Maia.

Pastel de marisco e bolinho de arraia

Para conseguir o marisco, dona Marta conta com pescadores locais que fornecem a iguaria para toda a orla e a faz chegar fresquinha para o consumo do visitante. Outra especialidade da casa é o bolinho de arraia, peixe que existe em grande quantidade no litoral Norte Fluminense. Dona Marta se especializou em fazer o bolinho do peixe, que se tornou o petisco mais pedido de seu quiosque. "Depois de limparmos a arraia, temos que fermentar para tirar a pele. Desfiamos o peixe, misturamos com um pouco de aipim e fritamos", diz a mestre-cuca. Para atender a clientela, dona Marta abre o seu estabelecimento todos os dias às 6h e só fecha quando o último cliente for embora, o que normalmente, fora do verão, acontece por volta de meia-noite.

Doces

Quissamã guarda preciosos patrimônios históricos que, por meio de sua arquitetura, narram o Ciclo da Cana-de-açúcar. Da arquitetura simples e colonial do Mato de Pipa, representante única do século XVIII na região, passando pela Casa Quissamã, hoje transformada em museu, e pela imponente São Manoel, o

Casa Quissamã

visitante pode fazer uma verdadeira viagem através do tempo. E uma viagem, para ser completa, precisa de beleza, cheiro e sabor. Como não podia deixar de ser, os sabores mais marcantes dos solares do Ciclo Açucareiro são os seus doces. Eles podem ser apreciados mediante visitas pré-marcadas aos solares, mas também em alguns restaurantes como o Requinte, que oferece um dos quindins mais maravilhosos da região. Feito com ovos exclusivamente caipiras, o doce foi tão apreciado pelo cantor Ed Motta que, durante um show em Quissamã, subiu ao palco de amarelo, em homenagem ao quindim.

O museu tem sido o ponto alto do turismo em Quissamã. Foi restaurado pela Prefeitura, que, além de recuperar o solar, adquiriu móveis e quadros do século XIX, pertencentes a familiares do Visconde de Araruama. Está aberto de quinta a domingo. Após a visita, durante a qual guias contam a história dos barões do açúcar, hábitos e costumes da época áurea da cana-de-açúcar, o visitante pode relaxar no Bistrô da Viscondessa, um café anexo à construção de 1826.

O destaque do Bistrô fica por conta do pastel de nata, doce típico português, cuja receita foi passada, durante séculos, pelas sinhazinhas e hoje é mantido por dona Carmem Queirós Mattoso e dona Irene Cunha Carneiro da Silva. A grande discussão é qual o melhor pastel de nata, pois, através dos tempos, as receitas foram se modificando e, segundo dona Carmem, é preciso muita sensibilidade para fazer. "Minha mãe aprendeu a fazer o doce com a sogra, conhecida como Catita, mas nunca deixava eu fazer. Eu ficava apenas olhando. Para acertar na receita, tive que treinar durante alguns anos. Todas as sextas-feiras eu fazia o pastel de nata, e meus irmãos, irmãs e primas diziam: 'Está melhorando, mas não é igual ao da mamãe.' Um belo dia saiu bom", explica ela, que faz o doce sob encomenda e fornece para o Bistrô.

Dona Carmem e dona Irene

Um dos grandes segredos é a massa, que, para ficar folhada, tem que ser aberta e finíssima. Segundo dona Irene, sua mãe ensinou: "Ao se abrir a massa do pastel de nata, ela tem que estar tão fina que se possa ler um poema de amor através dela." Dona Carmem tem outra "técnica": é preciso ver as ranhuras do mármore cinza, herdado da avó, através da massa.

Depois de abrir a massa, deve-se passar um pouco de gordura animal e farinha de trigo; em seguida, enrolar em cilindros, embrulhar em plástico ou papel filme e colocar na geladeira. "Antigamente, enrolava-se a massa em folhas de bananeira, para conservar até o dia seguinte", explica Irene Carneiro, que via na infância as tias fazerem o doce na Fazenda Mato de Pipa, para serem vendidos na missa aos domingos. Segundo Irene, o doce era obrigatório nas grandes festas de Quissamã, como os casamentos. Os mais famosos eram os da Mato de Pipa e os da Fazenda do Melo, curiosamente as duas fazendas mais antigas de Quissamã.

O creme é outro passo importante. Dona Carmem usa nata fresca, açúcar, gemas, água e baunilha. Já dona Irene utiliza nata, leite, açúcar, gemas e raspas de limão. As duas dizem que as suas receitas são as originais. O que sabemos é que são deliciosas.

No Bistrô encontramos ainda quindim, tartine de frutas, torta de limão e biscoitos finos caseiros. Aberto de quinta a domingo, no horário do museu. A dona do Bistrô, Denise Fontenelle, abre exceção às quintas e sextas, ficando aberta para aqueles que quiserem apreciar as belíssimas palmeiras imperiais sob o céu estrelado.

Mas, para quem quiser visitar o museu e seguir adiante, pode também pegar um barco e percorrer o caminho feito pelo Imperador D. Pedro II, em 1847, numa das suas primeiras viagens ao interior do Brasil. O barco sai da Fazenda Mato de Pipa, próxima ao museu, e vai até a Fazenda Machadinha, onde o turista pode apreciar a deliciosa culinária Raízes do Sabor e o jongo afro-brasileiro.

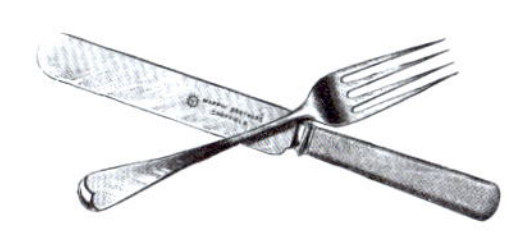

Endereços e telefones

Agência Q'Solmar

Tels.: (22) 2768-2925 e 2768-7248

Albatroz

Av. Atlântica 2.374. Tels.: (22) 2763-9197 e 2773-4140
restaurantealbatroz@hotmail.com

Bar da Boca

R. Teresópolis 69 – Boca da Barra. Tel.: (22) 2764-1671

Bartrô

R. Jandira M. Pimentel 449 – Centro. Tel.: (22) 2764-7782

Caldinho de Siri de Cleonice e Norberto

R. Oscar Fonseca 127 – Centro.

Sábado e domingo, das 10h às 18h.

Dona Liete

Av. Atlântica, s/n – Barra do Furado.

Dona Marta

Av. Atlântica, s/n – Praia de João Francisco.

Fazenda Machadinha

As visitas devem ser marcadas via Departamento de Turismo da Prefeitura. Tel.: 2768-9300 r. 9315/9380, www.quissama.rj.gov.br ou Agência Q'Sol Mar (22) 2768-7248

Ilhote Sul

Av. Atlântica 2.620. Tels.: (22) 2773-5045 e 2773-4402
ilhotesul@uol.com.br

Lagostão

R. Equador 216 – Campo D'Oeste. Tel.: (22) 2759-6866

Lucca

Av. Atlântica 2.720. Tels.: (22) 2773-3736 e 2767-4938

Mariscos Bar e Restaurante

Av. Atlântica 2.400. Tels.: (22) 2765-4971 e 2765-0165
Fax: (22) 2773- 3060
mariscosbar@veloxmail.com.br

Mercado Municipal de Peixe

R. João Cupertino s/n – Praça Veríssimo de Melo.

Museu Casa Quissamã e Bistrô da Viscondessa

RJ-178, s/n – Centro. Tel.: (22) 2768-1332

Quiosque do Darcy

Av. Atlântica s/n – Praia de João Francisco. Tel.: (22) 8114-7032

Requinte Bar

R. Conde de Araruama s/n – Centro. Tel.: (22) 2768-1046

Restaurante Flutuante

Praia do Forno

Na serra

Alquimia Restaurante

R. José Jesus Jr. s/n – Sana. Tel.: (22) 2793-2518

Cabala

R. Vereador Valdomiro Arcângelo s/n – Óleo. Tel.: (22) 2793-3680

Sabores do Norte e do Noroeste

(Campos e Itaperuna)

Na terra dos doces

Caiu na Casa, é peixe

Na terra dos doces

Campos dos Goytacazes é o maior produtor de açúcar do Estado do Rio, e não é de estranhar que seus doces tenham fama. A cana-de-açúcar determinou significativamente a culinária campista, tornando os doces da cidade conhecidos em todo o Brasil, e o campista conhecido como papa-goiaba, dado à fama da goiabada cascão.

A terra, propícia ao plantio da cana-de-açúcar, está associada à colonização portuguesa e à colônia árabe. Isso fez com que Campos se especializasse na doceria, na qual se destacam babas-de-moça, fios-de-ovos, rapaduras, quindins, bons-bocados, melados, goiabadas e o famoso chuvisco, sem dúvida o mais conhecido de todos e considerado pelos moradores da cidade uma espécie de patrimônio imaterial. É um doce feito à base de gema e sua origem é portuguesa, sendo fabricado em Campos há mais de 145 anos. Ele é típico e preparado sempre do mesmo feitio e tamanho. Resistiu à sofisticação dos tempos modernos e isso revela seu valor folclórico e até mesmo cultural.

Chuvisco, marca registrada de Campos

É uma receita simples, porém de difícil execução. Requer da doceira mãos precisas e exatas. É um doce decorativo de grande beleza. Encantou o Imperador D. Pedro II quando este visitou Campos. Uma grande mesa foi montada com milhares de chuviscos. A lenda diz que o imperador degustou o doce à exaustão. Foi necessário que um artesão adaptasse, nas extremidades da mesa, várias calhas, que, cheias de água, impediam o acesso das formigas.

A mulata Teixeira, já falecida, era considerada, até recentemente, a maior especialista da cidade na arte do preparo do chuvisco, doce sempre presente em aniversários e casamentos. A fama do doce é tamanha que ele é item de exportação, principalmente na versão cristalizada, embora seja o chuvisco em calda o que mais aguça o paladar. Engrácia Fernanda da Silva Gonçalves, de 58 anos, quarenta dedicados à arte de fazer chuvisco, prepara mais de dez mil unidades por semana para atender à demanda de festas em toda a região e também nos grandes centros, como Rio de Janeiro, São Paulo e Belo Horizonte.

Dona Engrácia preparando o chuvisco

Engrácia é portuguesa, da cidade de Viana do Castelo. Veio para o Brasil aos sete anos e informa que o doce é de origem lusitana. A receita é de família. "Mas não há novidade. Todos sabem que a gema é a base de tudo. O segredo está na intuição das mãos", diz a doceira, cujos chuviscos já foram comprados por personalidades como o ex-Presidente Fernando Henrique Cardoso.

Ela deixa escapar um segredinho: é preciso usar ovos de qualidade e, para não correr riscos, o melhor chuvisco é aquele que usa ovos brancos e vermelhos. O chuvisco cristalizado, exportado para vários países, é desidratado e coberto por uma fina camada de açúcar. É prático para longas viagens. Hoje o cento de chuviscos em calda custa, em Campos, cerca de R$ 30,00, enquanto a caixa da versão cristalizada, com cinqüenta unidades, sai por R$ 20,00.

Dizem que o bom doce é aquele que dá água no céu da boca. Quando os chuviscos entram em cena, o céu deixa de ser de brigadeiro. Muitos acham que o famoso doce feito à base de chocolate perde para o chuvisco de Campos. Todos os anos, no mês de agosto, é realizado um festival de doces no Centro da cidade, e o chuvisco continua liderando a preferência de todos.

O doce, que já existe também na versão diet, pode ser encontrado em todos os supermercados da cidade, no Mercado Municipal, em lojas das duas rodoviárias e no aeroporto. Existem ainda várias fábricas de doces, nas quais o carro-chefe é o chuvisco, sendo a maior delas a Nolasco, que exporta para vários países. Há também uma cooperativa de doceiras, a Cooperdoce, em que o chuvisco é a referência. Mas ainda há fios-de-ovos, ambrosia, compotas de frutas etc.

A arte de fazer a goiabada

Na fábrica São Thomé, fazer goiabada é tradição que vem de longe. O cuidado começa na escolha da fruta, fundamental e preciosa. É usada apenas a goiaba paluma, cultivada por pequenos agricultores. Segue o esmero na produção, forno a lenha e tacho, tudo bem caseiro. O ponto quem dá é o experiente doceiro, não o relógio. Nessa trajetória, sempre fiel ao original, a goiabada São Thomé acabou sendo a primeira do Brasil a receber o Selo de Reconhecimento Nacional de Produto Artesanal, da Associação Brasileira dos Produtores de Goiaba (Goiabrás).

Ao comer um pedaço da goiabada artesanal, você está colocando um pedaço do engenho dentro de você, um pedaço da História. É sabedoria popular tão embrenhada na cultura que o sabor virou símbolo, virou arte. Que prazer é comer um ícone da identidade campista quando ele é produzido com esse intuito, com respeito às gerações anteriores.

Dos tempos dos índios goitacás, primeiros habitantes daquele naco de terra, não sobrou muita coisa. Bravos guerreiros, eles resistiram até onde puderam à colonização portuguesa. Daí vieram as grandes fazendas, os engenhos, os escravos. Entre os grandes e pequenos episódios da História, nasceu a tal goiabada.

A fábrica da São Thomé é também projeto social e uma lição de humildade. Situada na comunidade Parque Prazeres, os 16 funcionários, em sua maioria ex-ajudantes de pedreiro, ganharam emprego e profissão. São doceiros, com todo orgulho. "Nem toda goiabada é goiabada", resume Luiz Pereira, proprietário da São Thomé. Trocando em miúdos, aquela "pseudogoiabada" que você encontra no mercadinho ao lado da sua casa, com textura de plástico, é ofensa ao paladar.

Na São Thomé é tudo muito simples, o local, a estrutura, as pessoas. A delicadeza dócil da goiabada pura, sem conservantes,

sem grandes floreios – e da melhor qualidade – está em tudo. Ali se produzem quatro tipos de goiabada: a tradicional, com um equilíbrio perfeito entre o açúcar e a goiaba; a frutose, uma versão mais light, porém ainda totalmente natural; a Santa Clara, que tem o ponto um pouco mais "puxado" do que a tradicional, perfeito para o corte; e a blue label, bem mais macia, muito delicada e com um dos pontos mais difíceis para os doceiros.

Caiu na Casa, é peixe

Dizem que os peixes moram no rio. Ou no mar, em lagoas, lagos. Mas, em Itaperuna, no Noroeste Fluminense, eles têm lugar próprio: a Casa do Peixe. Já tradicional, o restaurante oferece como ninguém o prato mais famoso da região: a moqueca de cascudo, que virou cascudo à Casa do Peixe. Mas o verdadeiro segredo do sucesso são outras duas especialidades: a traíra sem espinha, frita ou cozida com molho de camarão – já se consumiram 450 quilos do peixe em uma semana –, e a moqueca de robalo com mozarela, acompanhada de pirão, rodelas de batata e mozarela, com o melhor preço da cidade.

Embora a marca registrada da casa sejam os peixes de água doce, os pratos feitos pelo gerente e chef de cozinha Marcos Luiz de Jesus, de 32 anos, também usam os frutos do mar, como cação, peroá, salmão, camarão, lagosta e bacalhau, entre outros. Temperados com amor e afeto, os peixes de água doce vêm dos rios que cortam a região, principalmente o Muriaé.

O cascudo

Freqüentado por políticos, clientes antigos e turistas, o restaurante foi criado com clima familiar, contando com dois salões, ar-condicionado, *playground* cercado com portas de vidro, para que os pais possam observar, da mesa, as crianças.

Moqueca de cascudo

A Casa do Peixe também está preparando uma série de inovações, como choperia, adega de vinho e instalação da tecnologia dos *palmtops* em cada mesa, para que os clientes façam o pedido por meio de alguns cliques.

Bem freqüentado, o restaurante, que também faz entregas em domicílio, está sendo sempre reservado por políticos que realizam reuniões, ou empresários e funcionários, fazendo abrir o salão de cima, como acontece em datas comemorativas. Entre elas, a que atrai mais visitantes é o Dia dos Namorados, que faz a Casa do Peixe comportar constante fila, mesmo com os dois salões abertos.

Mas nem todo filho da Casa do Peixe peixinho é. O restaurante também conta com um prato que está sempre entre os mais pedidos: a picanha. Enquanto outros lugares preferem na chapa, a Casa do Peixe mantém a tradição de fazê-la na brasa, o que influi diretamente no sabor. Este é sempre ressaltado pelos clientes que freqüentam a Casa desde que surgiu, em 1998, e que tem o lema "das águas à mesa", sabendo que a casa é sempre do cliente. E o peixe também.

Endereços e telefones

Casa do Peixe

R. Sérgio Dias Pecly 33 - Cehab, Itaperuna. Tel.: (22) 3824-3154

Cooperdoce (Cooperativa das Doceiras de Campos)

R. Tenente Coronel Cardoso - Centro, ao lado do 8º Batalhão da Polícia Militar.

Doces Nolasco

Est. do Contorno (nome que se dá à parte urbana da BR-101, antes de chegar à ponte General Dutra, sobre o Rio Paraíba do Sul). Tel.: (22) 2332-6311

São Thomé (Indústria e Comércio de Doces de Campos Ltda.)

R. José Fernandez dos Reis 78 - Parque São Jorge, Campos.
Tel.: (21) 9361-6062
www.saothome.com.br

CRÉDITOS FOTOGRÁFICOS

ALOYSIO BALBI
p. 201, 202, 205 (inferior), 206

CHICO JUNIOR
p. 22, 24 (inferior), 26, 27, 40, 42, 46, 99, 100, 104, 106, 107, 108, 109, 111, 121, 123, 134, 135, 137, 140, 143, 145, 147, 148, 150, 153, 154, 157, 159, 165, 166, 167, 168, 169, 170, 171, 172, 174

EMILY SASSON
p. 82, 83, 86, 97, 131, 177, 179, 184, 185, 189, 190, 191, 204, 205 (superior)

RICARDO PIMENTEL
p. 11, 13, 14, 15, 16, 18, 20, 26, 28, 29, 31, 32, 37, 38, 53, 56

ZILENE BERNARDINO
p. 49, 51, 52, 55, 58, 60, 63, 65, 67, 69, 71, 75, 79, 80, 84, 88, 89, 93, 94

FOTOS DE DIVULGAÇÃO
Casa da Feijoada / p. 19
Galo Vermelho / p. 139
Gosto com Gosto / Lygia Skaowronski / p. 103
Fazenda Campos Elíseos / p. 155
Les 4 Saisons / André Coelho /p. 125 e 126
Prefeitura de Paty do Alferes / Roberto Faissal / p. 127 e128 **/ Milson Cipriani** / p. 129
Prefeitura de Macaé / Rômulo Campos / p. 186
Prefeitura de Quissamã / Adilson dos Santos / p. 193, 194, 196
Prefeitura de Rio das Ostras / Jorge Ronald / p. 181
Reserva Aroeira / p. 149
Restaurante Aprazível / Pedro Herneto / p. 24 (superior)
Shiitake Imperial / Ricardo Fernandes / p. 73
Sítio Cultivar / p. 92
Sítio Solidão / Bernardo Menezes / p. 133

Foto da capa gentilmente cedida pela revista Prazeres da Mesa

Editora Senac Rio
Tel.: (21) 2240-2045
Fax: (21) 2240-9656

Editora Senac São Paulo
Tel.: (11) 2187-4450
Fax: (11) 2187-4486

Disque Senac Rio
Tel.: (21) 4002-2002

Este livro foi composto nas tipologias Rotis Sans Serif e Bauer Bodoni e impresso em papel offset 120g/m², para a Editora Senac Rio, em julho de 2007.